先住・少数民族の
言語保持と教育

カナダ・イヌイットの現実と未来

長谷川瑞穂

明石書店

はじめに

　現代は人や物がグローバルに行き交い、異なる言語、文化、風習もそれぞれの国に入ってくる。日本でも、たとえば東京で列車に乗ると、同じ車両に必ず外国人が乗車しているといっても過言ではない。インターネットなどの情報技術の進歩が、さらにグローバル化を促進している。アメリカ、カナダ、オーストラリアなど移民を受け入れ、先住民の存在も忘れてはならない国、ヨーロッパの移民問題を抱える国、アジアやアフリカなどの多民族の国など内情はさまざまであるが、ほとんどの国が民族の共生、共存で生じる問題に苦慮している。

　日本は、現時点では移民は少ないが、世界各地からの観光客が近年増え、異なる言語、文化、風習に出会う機会が増えている。また忘れてならないのは、2019年の「アイヌ新法」で日本の先住民と明記されたアイヌ民族に、明治以降日本語への同化教育が推し進められ、アイヌ語が日常生活から急速に姿を消していった事実である。アイヌ語の歴史と現状に関しては、第12章の第4節で述べている。移民や先住民、少数民族の言語問題は、我々日本人にも深い関わりがあり、人間としての考え方、生き方につながる重要な問題である。

　民族の共生、共存には、互いの言語や文化を尊重することが大切であるが、実際には言語や文化は同列ではなく、民族の「力」と関連し、階層的に存在する。言語の階層に関しては、第10章5節で述べている。1960年代の公民権運動の後、1970年代から1980年代には、多言語主義、多文化主義を国家統合の政策にとり入れる国も現れたが、現実には多くの問題を孕んでいる。多文化主義と問題点に関しては、第4章で述べている。

　本書は、カナダの先住民のイヌイットを事例として取り上げ、彼らのイヌイット語が教育のなかでどのように扱われてきたか、現在のイヌイット語の状況、イヌイットの意識などを、著者の現地での調査や参与観察、文献レビュー

で考察し、イヌイット語の保持を阻む要因を明らかにする。イヌイット語保持に関わる問題は、世界の多くの先住民言語や少数言語に共通するので、読者にそれぞれの立場で、少数言語保持の問題を考えていただきたい。

著者は言語学者として、世界の言語の約半数が過去 500 年で消滅し、今後 100 年でさらに半数が絶滅の危機にあると予測されている［UNESCO 2013］事実に危惧を抱き、人類の資産である言語を保持する立場に立つ。言語消滅と保持に関しては、序章の第 3 節で述べている。

2019 年は国際連合の定めた国際先住民族言語年（International Year of Indigenous Languages）であり、先住民族の言語が絶滅の危機に瀕していることについて意識を高め、その言語や文化の継続性を再確認することを目的の中枢に掲げている。本書が読者に、少数派の言語問題を通して、人類の平等の問題を考えるきっかけになれば幸いである。

長谷川瑞穂

本書は、ヌナブト研究機構（Nunavut Research Institute）の研究許可ライセンス（LICENSE 02 049 16N-M）にもとづく調査研究である。

目次

はじめに　3

序章 9
1. 本書の目的と研究方法　9
2. 研究の動機　10
3. 危機言語と言語保持の重要性　12
4. 先住民の教育　15

第1章　カナダの先住民とイヌイット 17
1. 1982年憲法と先住民　17
2. 先住民の人口　21
3. 先住民の学歴　23
4. 先住民と言語　26

第2章　イヌイットの歴史 (1) 29
1. ヨーロッパ人との接触以前　29
2. ヨーロッパ人との接触とその影響　34
3. カナダ連邦政府とイヌイット　38

第3章　イヌイットの歴史 (2) 45

1. 北西準州時代　45
2. ヌナブト準州成立　47
3. ヌナブト協定とヌナブト準州成立　50
4. ヌナブト準州のイヌイットと仕事　57
5. イヌイット社会の性役割と結婚　58
6. 現在のイヌイットの宗教　58
7. ヌナブト準州の老人ホーム　60
8. イヌイット社会の負の部分　61

第4章　カナダの多文化主義と問題点 65

1. 多文化主義宣言と多文化主義法　65
2. 多文化主義に影響を与えてきた著作　69
3. 多文化主義に批判的な著作　75

第5章　ヌナブト準州成立以前のイヌイットの教育 79

1. 移動生活における集団での教育　79
2. 宣教師による教育　80
3. 連邦政府による教育　81
4. 北西準州政府による教育　88

第6章　ヌナブト準州の教育と法 93

1. ヌナブト準州の教育とイヌイット　93
2. イヌイットの伝統知識 IQ と教育　94
3. ヌナブト準州のバイリンガル教育と法　101
4. ヌナブト準州の教育の実情　107

第 7 章　イヌイット語の現状 111

1. （準）州と連邦政府の公用語法　　111
2. ヌナブト準州の公用語法　　112
3. イヌイット語保護法　　117
4. イヌイット語使用の地域差、時代差　　120

第 8 章　イカルイトでの調査の概要とアンケート分析 125

1. イカルイト　　125
2. イカルイトでの調査の概要　　126
3. アンケートの分析　　129
4. まとめ　　146

第 9 章　インタビュー調査と参与観察 149

1. イカルイトのイヌイット　　149
2. イカルイトの小学校長へのインタビュー　　149
3. イカルイトの中学校長、高校長へのインタビュー　　152
4. 一般のイヌイットへのインタビューとアンケートの自由記述　　155
5. 参与観察によるイカルイトの言語状況　　160

第 10 章　ヌナブト準州の教育とイヌイット語保持を阻む要因 163

1. バイリンガル教育に関する理論　　163
2. バイリンガル教育の種類　　164
3. ヌナブト準州とバイリンガル教育理論　　166
4. イヌイット語の標準化の動き　　174
5. 言語の威信性　　175
6. 白人優位の教育体制　　176

第11章　教育とイヌイット社会の問題..................................179

1. 歴史的トラウマ　179
2. イヌイット社会の貧困　181
3. 暴力、飲酒　186
4. 麻薬といじめ　188
5. 文化の喪失　190
6. 10代の妊娠とメンタル・ヘルス　195
7. まとめ　199

第12章　ほかの先住民言語との比較と現在のヌナブト準州の問題......201

1. グリーンランド　201
2. ヌナブト準州とグリーンランドの比較　205
3. マオリ語とハワイ語の事例　205
4. アイヌ語の歴史と現状　208
5. 現在のヌナブト準州の教育に関する問題　210
6. 教育法改正の動き　211

終章..217

1. イヌイットの言語、教育の現状　217
2. 要因と対策　219

付録1　イカルイトでの調査に用いたアンケート用紙　227
付録2　イヌイット語の文字　230
あとがき　231
参考文献　233
索引　241

序章

1. 本書の目的と研究方法

　世界の先住民言語の多くは、植民地主義の同化政策で消滅の危機にある。また、世界の先住民は植民地主義のもと、西欧式学校制度での同化教育で言語が理解できず落ちこぼれる率が高く、社会の下位システムに組み込まれてきた。1970年代からは、先住民の言語や文化に理解は示されてきたが、なかなか状況は改善しない。

　本書では、カナダの先住民のうちのイヌイットの言語と教育の事例にもとづいて、先住民の言語と教育の問題を考察する。イヌイットにも1950～1960年代は植民地主義のもと、英語への同化政策がとられたが、地域や家庭でイヌイット語が使用され続け、イヌイット語は比較的保持されてきた。現在、イヌイットがイヌイット語で会話ができる率は3人に2人である［Statistics Canada 2015: 16］。1970年にイヌイットの教育が北西準州に移譲され、多文化主義にもとづき、イヌイットの言語と文化は承認され、イヌイットの文化をとり入れた教育、英語とイヌイット語のバイリンガル教育が研究され、徐々に実行されてきた。1999年には北西準州の東部を分割する形でイヌイットが85％を占めるヌナブト準州が成立した。2008年の同準州の公用語法で、英語、フランス語に加えイヌイット語がヌナブト準州の公用語であると規定され、2008年の教育法では、教育はイヌイットの伝統知識にもとづくこと、イヌイット語と英語のバイリンガル教育を行うことが規定され、実行されてきた。先住民言語が準州の公用語となり、言語や文化の保持が謳われている例は先駆的である。

本書では、現実のイヌイットの言語や教育状況と法律規定の乖離の有無とその要因を考察する。文献調査による教育の現状分析に加え、準州成立後17年が経過した2016年現在のイヌイットの言語使用状況、言語運用能力、イヌイットの意識などを現地で調査し、分析する。調査の結果、明らかになったヌナブト準州の言語や教育の問題の要因を考察し、対策もできるだけ提唱する。イヌイット社会にはさまざまな問題があり、言語や教育とも深く関わっている。

　研究方法は、ヌナブト準州都イカルイトでのアンケート（questionnaire）による量的研究、インタビュー、アンケートの自由記述、言語行動の参与観察などの質的研究、文献や資料のレビューによるトライアンギュレーションである。トライアンギュレーションには、さまざまな研究方法を組み合わせることにより、個々の研究方法の弱点や盲点を補い合う利点がある［フリック2011：33］。

　ヌナブト準州で調査を行うには、英語とイヌイット語の複雑な書類を提出し、ヌナブト研究機構（Nunavut Research Institute）よりライセンスを取得しなければならない。半年がかりであったがライセンスを取得できたのは幸いであり、そのおかげでヌナブト準州教育省、ヌナブト北極カレッジ、イカルイト地域教育オーソリティ、イカルイトの2小学校、中学校、高校の校長の協力を得ることができた。

2．研究の動機

　筆者は、以前に日本におけるカナダ政府助成金を2度受賞し、カナダ国内での言語状況や教育の実態を調査し、いくつかの論文などにまとめた［長谷川1990, 1999a, 1999b, 2000, 2002］。言語を研究し、教える者として、カナダは英仏系、移民、先住民などからなる多民族国家であることが、言語、教育にさまざまな影響を与えている点で特徴的であることに関心を抱いた。カナダの土壌で、カミンズ（J. Cummins）らによるバイリンガル教育理論、効果的な語学教育理論として注目されているランバート（W. Lambert）らによるイマージョン教育理論などが生まれ、世界の言語教育界に大きな影響を与えてきた。

　また、カナダ政府助成金での調査旅行で、先住民教育の実態を参与観察するために、オンタリオ州極北のハドソン湾に面したクリー族（Cree）の居留地、ムー

序章

滑石彫刻
(2016年9月、イカルイトで筆者撮影)

ソニー（Moosonie）を訪ねた。ムーソニーの小学校ではクリー族の生徒にも英語で授業がなされ、小学校高学年になると授業についていけず、学校を休み、親と狩りに行くクリー族の子供たちの姿を見たり、高校が近くにないために高校へ進学する生徒はほとんどいない実態を知ったり、道路は舗装されておらず、店舗もほとんどない実情も知った。また、クリー族の父兄と話すなかで、英語はあまり必要がないうえ、子供は授業についていけないとの声を耳にした。ムーソニーはトロントから列車で10時間程度の場所にあるが、トロントとの大きな違いに驚きを禁じえなかった。そのときの衝撃が先住民教育に興味を抱かせ、その後も、カナダの先住民の教育に関心を抱いてきた。

　カナダの先住民言語のなかでも、イヌイットの言語は比較的家庭で使用されていること、ヌナブト準州成立で同準州の公用語としてイヌイット語が採用されたことなどから、ヌナブト準州成立後約17年が経過した同準州の言語や教育の実態を調べることにした。地域としてはイカルイトで調査を行うことに決めたが、理由は、小学校からカレッジまであること、準州都であり、イヌイッ

ト以外の白人や移民が多いなかでイヌイットがイヌイット語を維持していくことが大切であると考えたこと、準州政府機関やイヌイット協会、準州議会、連邦政府機関があることなどである。ヌナブト準州成立はイヌイットにとっては勝利と考えられ、徐々に弱体化していたイヌイット語は復活できるだろうと期待されていた [Dorais and Sammons 2002]。準州成立後9年経過した2008年には、ヌナブト準州の公用語法、イヌイット語保護法、教育法が定められた。法と現状の乖離の有無を調べるための調査で明らかにしたいのは、2016年現在のイカルイトのイヌイット語と英語の言語使用状況、イヌイット語を話す力、読む力、彼らのイヌイット語に対する意識、教育現場での実態、何がイヌイットの教育への障害となっているか、などである。

3. 危機言語と言語保持の重要性

　世界の言語の数は、方言との区別が難しいが、現在約6,000〜7,000語といわれている。しかしながら、過去500年で約半数が消滅した［ネトル、ロメイン 2001: 4］。また、さらにユネスコの予測では、今後100年でさらに半数が絶滅の危機にある［UNESCO 2013］。言語の消滅に関して、ネトルたちは三つのタイプを挙げている［ネトル、ロメイン 2001: 136-139］。

1）人口喪失による言語消滅
2）強制的変更による言語消滅
3）自発的変更による言語消滅

　1）の人口喪失による言語消滅は、たとえば南北アメリカやオーストラリア大陸の先住民が、ヨーロッパ人のもたらした伝染病により、ある集団が絶滅し、言語が消滅した例である。また、虐殺による人口喪失で、言語が消滅した顕著な例はオーストラリアのタスマニア語である。タスマニアの人々は発見され次第銃撃され、世界の言語系統樹においてユニークであったタスマニア語は、その言語の話者とともに消滅した［ibid.: 188］。2）の強制的変更による言語消滅は、植民地主義のもと、支配者集団が強制的に先住民に自らの言語を強制することにより、先住民の言語が消滅する場合などである。先住民の言語も知識体系も、未発達で劣っているとみなされ、学校教育で支配者の言語を強制され、多くの

表序-1　話者人口が上位15位までの言語
(Ethnologue 2018より筆者作成)

順位	言語	主要国	国数	第1言語人口（人）
1	中国語	中国	38	1 299 000 000
2	スペイン語	スペイン	31	442 000 000
3	英語	イギリス	118	378 000 000
4	アラビア語	サウジアラビア	58	315 000 000
5	ヒンズー語	インド	4	260 000 000
6	ベンガル語	バングラデッシュ	6	243 000 000
7	ポルトガル語	ポルトガル	15	223 000 000
8	ロシア語	ロシア	18	154 000 000
9	日本語	日本	2	128 000 000
10	ランダ語	パキスタン	6	119 000 000
11	ジャワ語	インドネシア	3	84 400 000
12	トルコ語	トルコ	8	78 500 000
13	韓国語	韓国	6	77 200 000
14	フランス語	フランス	53	76 800 000
15	ドイツ語	ドイツ	28	76 000 000

　先住民は自らの言語や文化を捨て、支配者の言語を話すようになり、言語消滅の最大の要因となっている。3) の自発的変更による言語消滅は、共同体の人々が自らの言語よりもほかの言語を使用するほうが有利であると判断し、共同体の言語が次第に消滅する場合である。ゆっくり起こるが、次第に若者が共同体の言語よりも変更しつつある言語に流暢になり、言語が次の世代に伝えられなくなり、消滅する。

　ネトルたちの提唱する三つのタイプのうち、とくに 2) と 3) はそれぞれ関連しながら起こる場合が多い。古代帝国の崩壊でシュメール語など先住民言語以外の言語にも言語消滅は起こっているが、過去 500 年の消滅言語の多くは先住民言語である。

　世界諸言語の少なくとも 60％は、世界人口の 4％を占める先住民の言語である [ibid.: i]。一方で、世界人口の約半分は上位 15 言語を話している [ibid.: 43]。本国の話者人口の多い中国語、ヒンズー語、ベンガル語などは別として、2 位のスペイン語、3 位の英語、7 位のポルトガル語などは、本国以外に第 1 言語話者を多く持つが、大航海時代以来の植民地政策で、言語が地理的拡張を遂げた。英語はイギリス以外にアメリカ合衆国、カナダ、オーストラリア、ニュージランド、南アフリカ共和国など、117 か国に話者を持つ。スペイン語は本国

以外にメキシコはじめとするラテン・アメリカなど 30 か国に話者を持ち、ポルトガル語は本国以外にブラジルなど 14 か国に話者を持つ。なかでも英語は、グローバル化の波のなかで、世界経済と結びつく言語、インターネットで使われる言語として、世界語としての地位を確立し、表序 -1 で示した第 1 言語以外に第 2 言語話者も多い。

英語など繁栄する言語の一方で、消滅の脅威にさらされている言語が多いことを述べたが、「言語が消滅することは、それがいかなる言語であっても、人類にとって取り返しのつかない損失である」との宣言が、1992 年の国際言語学者会議で宣言された［クリスタル 2004: i］。「言語は人類の資産であり、歴史、知識、文化と深く関わっている」という考え方は重要である。次に、「言語の消滅をなぜ食い止めなければならないのか」という問題に関して、クリスタル（D. Crystal）［ibid.］を参考に考察する。クリスタルは、言語の消滅を防がねばならない理由として、5 点を挙げている。

1) 多様性が必要であるから
2) 言語は民族的独自性を表現するから
3) 言語は歴史の宝庫であるから
4) 言語は人間知識全体のなかで大きな役割を果たすから
5) 言語はそれ自体興味深いから

1) の「多様性」に関しては、しばしば生物多様性と比して語られる。人類は地球上でさまざまな環境に適応し、多様な文化を発達させてきたことにより生存に成功してきた。多様性が成功の鍵であり、文化の伝承の役割を果たす言語の多様性は重要である。言語の死により言語の伝承が途切れれば、伝承されてきた知識の多くが失われることになる。人類は言語遺産の豊かさを失ってはならない。

2) の「言語は民族的独自性を表現するから」に関しては、言語は信仰、儀式、音楽、その他人間の行動様式すべてを担っており、民族独自性の象徴である。言語は民族のアイデンティティという基本的な役割を果たしており、何代にもわたってつくられた。

3) の「言語は歴史の宝庫であるから」に関しては、言語は、文学作品、語り部による伝承、神話、音楽などにより、昔の社会や人々の考え、昔の人の営

みなどを伝える。言語を失うと、言語によって表現されていた民族の歴史的遺産を失うことになる。

　4）の「言語は人間知識全体のなかで大きな役割果たすから」に関しては、言語は共同体の長年の知識、遺産を伝えている。先住民の知識体系は、以前はその価値が認めらなかったが、最近は、言語とともに着目され、ときには西欧にはない正確さ、緻密さを備えていることが認識されてきた。たとえば、先住民にとって、自然環境、動物相、植物相は生存活動の一部であり、長年うまく適応し、向き合ってきたので、それらに関する知識は西欧人をはるかに超えるものである。これらの知識体系を共時的、通時的に伝えるのも言語である。言語はそれを使用する人々の知的財産を具体的に伝える。また、クリスタル [ibid.: 74] は、人間の知恵の蓄えを増やすには、より多くの言語を学ぶべきであると述べ、多言語習得を勧めている。

　5）の「言語はそれ自体興味深いから」に関しては、それぞれの言語は意思伝達のしくみとして、音声、文法、語彙を持っている。とくに言語と文化は深く関係しているので、親族関係を大切にする言語では、親族関係に関する語彙が豊富である。たとえば、日本語の兄弟姉妹の語彙は、年齢別に年上の「兄」、「姉」、年下に対応する「弟」、「妹」と異なった語彙があり、英語の brother、sister よりずっと豊かであることに気づく。音声も先住民言語の研究により英語にはない音を発見でき、文や語の構造もさまざまな表現のための複雑な構造を持つ場合が多い。先住民の言語は未発達で、語彙が少なく、構造も単純であるというのは間違いである。どの言語も有用で、興味深く、重要である。

　言語の消滅の危機に対応する我々自身の態度が重要である。言語消滅を回避し、言語を保持することの重要性を考察したが、言語消滅にはさまざまな要因が複雑に絡み合っている。本書では、カナダのイヌイットの事例を通して先住民の言語と教育の問題とその要因を考察し、改善に向けての方策を考察する。

4．先住民の教育

　世界の植民地化された地域での先住民教育は、時期こそ違え、ほぼ同じ道をたどっている。伝統的な時代には、集団のなかで技術や道徳を年長者から自然

に学んでいた。次に、カトリック系やプロテスタント系の宣教師が先住民社会に入り込むようになると、布教とともに先住民の伝統的な文化や教育方法にまで影響が及んだ。宣教師たちは、先住民の宗教、文化価値、慣習、教育を変えていった。次に、教会による寄宿学校での教育が行われるが、多くの場合子供を親元から離し、キリスト教と支配者の言語への同化教育が行われた。先住民の言語や気持ちは無視され、支配者の言語や文化に同化させることのみに重点がおかれた。

　その後、寄宿学校と並行して政府による公立学校での教育が始まったが、教育言語は支配者の言語であった。1960年代の公民権運動以来、先住民運動も盛んになり、1970年代から先住民言語と支配者言語のバイリンガル教育が各地で行われ始める。しかしながら、先住民の教育はなかなかうまくいかず、社会の底辺に属する先住民が多い。カナダのイヌイットもほぼこのような経過をたどっている。

第1章
カナダの先住民とイヌイット

1. 1982年憲法と先住民

(1) カナダの多様性

　カナダは英仏系、移民、英仏系到来以前に住んでいた先住民など民族的に多様であり、10の州と3つの準州から成り立っている。2011年の母語に関す

図1-1　カナダの地図
（長谷川2017より）

る国勢調査では、英語系 57.8％、フランス語系 21.7％、先住民 4.26％、その他の移民 16.2％である。最近では、アジアと中東からの移民がいちばん多く、次いでヨーロッパ系、アメリカ合衆国、アフリカ系の順である［Statistics Canada 2011a］。学歴も技能も高い経済移民が約半分を占め、以前の人種による移民政策から、人種に関係なくよい人的資源を求める政策に転換している。

　一方で、先住民のカナダ社会における地位はなかなかよくならない。カナダは連邦制度をとっているので、州にはかなり自治権があるが、先住民の多い準州はカナダ連邦国家の管轄下にあり、州に比べると自治権は弱い。イヌイットが約 85％を占めるヌナブト準州は、1999 年に創設されたカナダでいちばん新しい準州であり、準州都はイカルイトである。

(2) 1982 年憲法

　1867 年のイギリス領北アメリカ法（BNA 法）以来、カナダ憲法の改廃権はイギリス議会にあったが、イギリス議会によって制定された 1982 年憲法（The Constitution Act 1982）では、カナダ憲法の改廃権がカナダに移管されたことが同法第 5 章に述べられている。1982 年憲法の基本的原理として

1）連邦主義
2）民主主義
3）立憲主義と法の支配
4）少数者の保護

が挙げられる［松井 2012: 26］。また、初めて人権規定が導入されたが、第 1 章はとくに「権利および自由に関する憲章」（Canadian Charter of Rights and Freedom）と呼ばれている。同法 1 章ではさまざまな権利が保障されているが、第 1 条の「権利および自由の保障」、第 2 条「基本的自由」を以下に示す。

> Guarantee of Rights and Freedom
> 1. The Canadian Charter of Rights and Freedom guarantees the rights and freedoms set out in it subject only to such reasonable limits prescribed by law as can be demonstrably justified in a free and democratic society.

権利および自由の保障
第1条　権利および自由に関するカナダ憲章は、自由かつ民主的な社会において明白に正当化できるものとして法律が定める合理的な制限に服する場合を除き、ここに掲げる権利および自由を保障する。

Fundamental Freedoms
2. Everyone has the following fundamental freedoms:
（a）freedom of conscience and religion
（b）freedom of thought, belief, opinion, and expression, including freedom of the press and other means of communication
（c）freedom of peaceful assembly; and
（d）freedom of association.

基本的自由
第2条　何人も、次の各号に掲げる基本的自由を有する。
（a）良心および信教の自由
（b）出版その他の媒体による情報伝達の自由を含む思想、信条、意見および表現の自由
（c）平穏に集会する自由
（d）結社の自由

　第1条では、権利および自由の保障、第2条では、宗教、思想、表現、集会、結社の自由が謳われている。第15条の平等権を以下に示す。

Equality Rights
15.（1）Every individual is equal before the and under the law and has the right to the equal protection and equal benefit of the law without discrimination and, in particular, without discrimination based on race, national or ethnic origin, colour, religion, sex, age, or mental or physical disability.

平等権
第15条 (1) すべて個人は、法の下に平等であり、一切の差別、とくに人種、出身国籍もしくは出身民族、体色、宗教、性別、年齢または精神的もしくは身体的障害を理由として差別を受けることなく、法の平等な保護と利益を享受する権利を有する。
(日本語訳:『史料が語るカナダ』[ibid.: 301])

すべての個人は、人種、出自、肌の色、宗教、性別、年齢、障害などを理由に差別を受けることなく、法の平等な保護と利益を享受する権利を有することが述べられている。先住民もこれらの条文にあるとおり、カナダ国民として自由と平等の権利を有している。また、カナダの先住民は、1982年憲法第35条に次のように規定されている。

PART II RIGHTS OF THE ABORIGINAL PEOPLES OF CANADA
35. (1) The existing aboriginal and treaty rights of the aboriginal peoples of Canada are hereby recognized and affirmed.
(2) In this Act, "aboriginal peoples of Canada" includes the Indian, Inuit, and Metis Peoples of Canada.

第2部 カナダの先住民の権利
第35条 (1) カナダの先住民が現に保有する先住民固有の権利および条約にもとづく権利は、ここに承認し、確認する。
(2) 本法において「カナダの先住民」という場合には、カナダ人たるインディアン、イヌイットおよびメティスを含むものとする。
(日本語訳:『史料が語るカナダ』[ibid.: 395])

第35条で認められている権利は、先住民個人の権利が主であるが、自治権、土地利用権など集団としての権利も含まれる[松井 2012: 304]。憲法では「インディアン」という呼称が使われており、カナダ政府の資料には「ファースト・ネイション(ズ)」が使われているが、本書では、憲法で使われている「インディ

アン」を使用する。メティスは白人と先住民の混血であり、1939年に先住民として認定されたイヌイットとともに先住民であると規定されている。

1982年の憲法で、先住民はカナダ国民としての自由と平等の権利と、現に保有する先住民固有の権利及び条約にもとづく権利の両方が保障されている。

2. 先住民の人口

(1) 先住民の人口

2011年の国勢調査によると、先住民の人口はカナダ総人口の約4.26％であり、総人口に占める先住民の比率はニュージランドの20％（うちマオリは15％）に次いで多い。先住民のなかではインディアンがいちばん多く、メティス、イヌイットが続く。インディアンはカナダの先住民の約60％、メティスは約32％、イヌイットは4.4％である。インディアンには、認定インディアンと非認定インディアンがあるが、認定インディアンは連邦政府の先住民問題北方開発省（Aboriginal Affairs and Northern Development Canada、略称AANDC）の管轄下にあり、最小自治組織バンドに住み、住居、教育、医療、生活扶助、税金の免除などの特典を受けている［長谷川 2012: 60］。混血（フランス系との混血が多い）のメティスは、初期のころは召使いとして過酷な労働を強いられた場合が多いが、白人からいろいろ学び、独自の文化を形成し、先住民のなかではいちばん白人社会に同化している。

先住民の人口増加率は20.1％と、カナダ全体の5.2％に比して高い。図1-3からわかるとおり、イヌイットの人口増加率は18.1％で、インディアンの

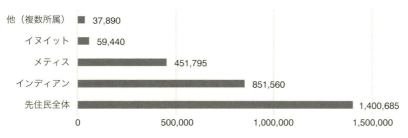

図1-2 カナダ先住民の人口
（Statistics Canada 2015: 6 より作成）

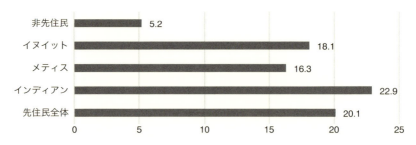

図 1-3　先住民の人口増加率
（Statistics Canada 2015: 7 より作成）

表 1-1　年齢別の先住民の割合（％）

	先住民	インディアン	メティス	イヌイット	非先住民
全年齢	100	100	100	100	100
0〜14歳	28	30.4	23.1	33.9	16.5
15〜24歳	18.2	18.4	17.7	20.1	12.9
25〜64歳	47.9	45.7	52.6	41.9	56.3
65歳以上	5.9	5.5	6.6	4.1	14.2
平均年齢	28	26	31	23	41

22.9％に次いで多い。また表 1-1 に示すように、先住民には若い人が多い。イヌイットは 24 歳以下が 54％であり、先住民のなかでもいちばん若い人が多い。カナダでは、いずれ先住民は消滅するであろうと考えられていたが、先住民の出産率は高く、人口は増え続けている。

(2) イヌイットの人口分布

　カナダのイヌイットの約 4 分の 3 は、4 地域で構成されるヌナンガット（Nunangat）に住み、残り約 4 分の 1 は南部（カナダでは北緯 60 度以南を南部という）に住んでいる。ヌナンガットは、ラブラドール（Labrador）地方のヌナツイアブット（Nunatsiavut）、ケベック州北部のヌナヴィック（Nunavik）、ヌナブト（Nunavut）、北西準州のイヌビアルイト（Inuvialuit）から成っている。イヌイットの各地域の人口分布を表 1-2 に示す。この表で明らかなように、ヌナブト準州にはイヌイットの約半分が住み、北ケベックのヌナビックに居住するイヌイットがこれに次ぐ。北西準州のイヌビアルイトには 3,310 名、ラブラドールのヌナツイアブットには 2,325 名のイヌイットが住んでいるが、数は多くない。また、ヌナ

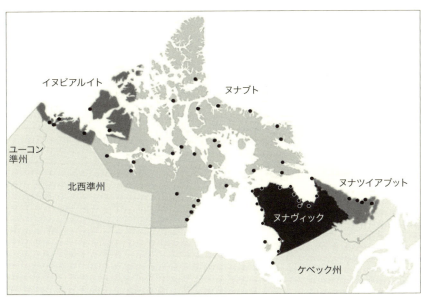

図 1-4　ヌナンガットの 4 地域の地図［Wallace 2014: 5］

表 1-2　地域別のイヌイット人口
(Statistics Canada 2011 より作成)

ヌナツイアブット Nunatsiavut	ヌナヴィック Nunavik	ヌナブト Nunavut	イヌビアルイト Inuvialuit	その他	合計（人）
2,325	10,750	27,070	3,310	15,985	59,440

ンガット以外の南部に住んでいるイヌイットは15,985名で多いが、多様である。南部の大学を出て、よい職業を得ている数少ない一部のエリートから、高校卒業未満でなかなか職業に就けず、ホームレスのイヌイットなどさまざまである。イヌイットは住んでいる地域もさまざまであるが、学歴、収入もさまざまで、多様化し、一様には考えられない。

3．先住民の学歴

　2011年の国勢調査による先住民の資格保有率を図1-5に示す。この図からわかるように、イヌイットの高校卒業資格のない率は48.5％と、ほかのインディ

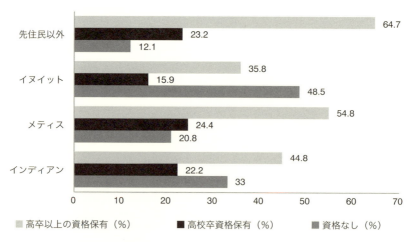

図1-5　先住民の高校卒業資格保有率
(Statistics Canada 2015: 14 より作成)

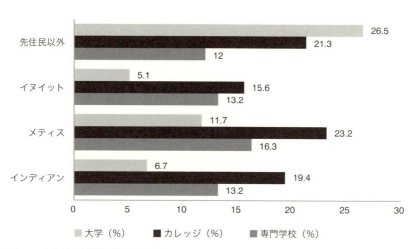

図1-6　先住民の上級学校資格保有率
(Statistics Canada 2015: 19 より作成)

アンやメティス（混血）より高く、高校卒業のみの資格および高校卒業以上の資格保有率はいちばん低い。先住民のなかではメティスがいちばん高学歴であり、インディアンがそれに次ぐ。メティスは初期には苦労したが、いちばん白人社会に溶け込んでいる。イヌイットの学歴はカナダ全体のなかでもいちば

第 1 章　カナダの先住民とイヌイット

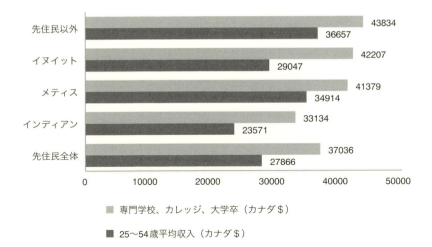

図 1-7　教育による平均収入（25 〜 54 歳、2010 年）
（Statistics Canada 2015: 27 より作成）

ん低い。イヌイットは移動生活を送っていたうえ、長年カナダ政府から放置されてきたので、学校教育の開始が遅れたこと、地域的に南部から遠く、影響を受けにくいことなどが要因である。

　図 1-6 は 2011 年の国勢調査による先住民の高校卒業後上級学校に進み、資格を保有している割合である。この図で明らかなように、先住民のなかではメティスの学歴がいちばん高い。とくにカレッジ（2 年制）卒業者が多く、カナダ社会の中間層に属するメティスが多い。大学卒業のメティスも 11.7％と、先住民のなかではいちばん多い。インディアンとイヌイットを比較すると、ややインディアンの大学卒業、カレッジ卒業が多い。イヌイットの専門学校卒業の資格保有者はほかの先住民とあまり変わらないが、カレッジはやや少なく、大学卒業の資格保有率は 5.1％といちばん低い。イヌイットが大学へ行くには南部に居住しなければならず、経済的な負担が大きい。また、南部の大学卒業後も南部に残るケースが多く、北部の大学卒業率は 1.8％とさらに低くなっている ［Statics Canada 2016: 3］。高校卒業資格のみのイヌイットの平均収入は 20,000 〜 30,000 ドルであるのに対し、高校中退者の平均収入は 10,000 〜 20,000 ドルである。高校卒業後、専門学校、カレッジの卒業資格を持つイヌイットの平均

収入は 40,000 〜 50,000 ドルであり、明らかに学歴と収入の関連が強い［Bougie 2013: 48］。

　図 1-7 で明らかなように、高校卒業後、上級学校に進んだイヌイットの収入は、ほかの先住民の平均収入より高い。高校卒業後、専門学校、カレッジ、大学などへ進んだイヌイットの収入は、非先住民の同資格の平均を少し下回る程度であるが、高校を卒業していないイヌイットが多いので、25 〜 54 歳のイヌイットの平均収入は非先住民よりかなり低いことが図からわかる。しかし、学歴は先住民のなかでもイヌイットがいちばん低いが、収入はいずれの場合もインディアンより高い。インディアンは居留地（reserve）にいる場合が多いので、就職の機会がイヌイットよりさらに低いからであろうか。イヌイットのなかには、学歴がない場合も滑石彫刻、版画などの仕事を自ら切り拓いている者も多く見受けられる。

4. 先住民と言語

　2011 年の国勢調査では、先住民の 6 人に 1 人が自らの先住民言語を話すことができると回答している。そのなかでも図 1-8 でわかるように、イヌイットがイヌイット語を話せる率は約 64％と高く、インディアンは約 22％であり、メティスは約 2％である。インディアンは言語により差がある。カナダの先住民言語のうち、話者の多い 3 言語は図 1-9 に示すとおりである。カナダの先住民言語のうち、95,165 名の話者を持つインディアンのクリー語、36,240 名の話者を持つイヌイットの主要な方言のイヌクティタット語、24,770 名の話者を持

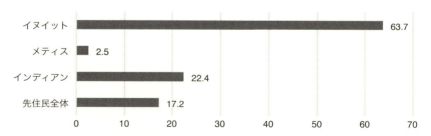

図 1-8　先住民言語での会話可能率
(Statistics Canada 2015: 16 より作成)

第 1 章　カナダの先住民とイヌイット

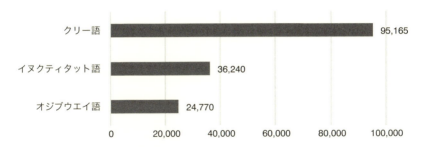

図 1-9　カナダ先住民の言語（話者数上位 3 位）
(Statistics Canada 2015: 17 より作成)

つインディアンのオジブウエイ語は、今のところ消滅の危機はないだろうと考えられている［Statistics Canada 2015: 17］。全体に対する話者の比率は、イヌイット語のイヌクティタットがいちばん高い。

第 2 章
イヌイットの歴史（1）

1. ヨーロッパ人との接触以前

　ロシアのシベリアからベーリング海峡を渡ってきて、ベーリング海峡に近い海岸沿いにシブリルミウット（Sivullirmiut、最初の人々という意味）と呼ばれる人々が住み始めたのは、8,500 年前ごろといわれている［Inuit Tapiriit Kanatami（以下 ITK と省略）2016a: 5］。彼らは日本人と同じくモンゴロイドであり［岸上 1998: 17-18］、おもに海の動物や魚を捕り生活をしていたが、徐々に人口が増え、アラスカ北部にいたる海岸沿いにまで住みついた。冬季には海は厚い氷で覆われたが、彼らは環境に適応できる知識や技術を開発して人口が増加し、アラスカ北部、カナダ北部、グリーンランド南部など広い地域に分布した。彼らは海や大地からの獲物、恵みを大切にし、やがて村や狩猟のテリトリー（territory）をつくり、発展する［ITK 2016a: 5］。

　5000 年ほど前の紀元前 3000 年ごろから、イヌイットにはトウニット（Tunnit）と、考古学者からは前ドーセット（Predorset）と呼ばれる人々が、カナダのネイン（Nain）、ラブラドール（Labrador）、現在の北西準州の一部、グリーンランド東部に住みついたが、やがて環境に適応できず消えたと考えられている［Purich 1992: 25-26］。イヌイット・タピリート・カナタミ（Inuit Tapiriit Kanatami）によると、イヌイットの伝説では、トウニットをシブリルミウットと同一とみなしている［ITK 2016a: 5］。シブリルミウットは石や骨でつくった道具や武器を使っていたが、その技術は現在のイヌイットの滑石彫刻に引き継がれている［ibid.: 6］。彼らは夏には動物の皮でつくったテントに住み、冬には半地下式の

石の家か、雪の家（snowhouse）で生活をした。彼らはアザラシ、セイウチ、貝類、魚、海藻、カリブー（トナカイ）、鳥やその卵、ベリーなどを食べていたと思われる［ibid.: 6］。鳥の骨でつくった針で、セイウチ、カリブー、ホッキョクグマの皮を縫い、ブーツや衣類をつくり、石鹸石（soap stone）製ランプで料理用の熱源や灯りを得ていた［ibid.: 6］。これらの技術は、イヌイットに長年受け継がれてきた。

　紀元後1000年ごろに、地球の温暖化とともに北アラスカにチューレ文化（Thule culture）が隆盛し、その後200年の間にグリーンランドにまで広がった［岸上1998: 18］。彼らの特色は、鯨を捕ったこと、犬を使ったこと、テントの家と雪の家、イグルー（igloo）に住んでいたことなどであった［Purich 1992: 26］。現在のイヌイットに彼らの生活様式が受け継がれている。彼らはアザラシの皮でつくったカヤック（kayak, 小舟の一種）やウミアック（umiak）と呼ばれる大型ボートで海に獲物を捕りに出かけた。獲物の多く捕れる西部のマッケンジー・デルタ（Mackenzie Delta）地帯を中心に住みつき［Purich 1992: 26］、道具や衣服も種類が豊富になった［ITK 2016a: 9］。

　1500年ごろから再び地球の寒冷化が始まり、彼らの人口は減り、それぞれの地に適合した独自のイヌイット文化が栄えるようになった［岸上1998: 18］。カナダの中部および東部のイヌイットは、狩猟グループ別に移動生活を送っていたが、グループの基本単位は家族であり、1家族は5、6人であった［Purich 1992: 27］。極北地域の1年には、長く寒い冬と短く涼しい夏という二つの周期的変化があり、それらに対応して生業活動が行われた［岸上1998: 19］。夏季には25人くらいからなる拡大家族集団で、川でホッキョクイワナ漁、内陸部でカリブー猟などを行い、冬季には、いくつかの夏キャンプ集団が集まって形成される60～100名からなる冬キャンプ集団が、海氷上の呼吸穴でアザラシ猟に従事した［ibid.: 19-20］。冬キャンプ集団には公共の大きなイグルーがつくられ、ドラムダンスやシャーマンによる儀礼が行われた［ibid.: 20］。冬は犬ぞり、夏は歩行という移動生活であったが、おもな食料はアザラシやセイウチであり、一部のイヌイットは捕鯨や内陸でのカリブー狩猟を行っていた［Purich 1992: 28］。野菜の育たない極北でビタミンを補うために獲物の肉は生で食され、血液からビタミンを補給していた。各集団では長老が中心となり、決定は原則として合

議（consensus）でなされた［ibid.: 28］。この決定の仕方は、今でもイヌイット社会に強く残っている。

20世紀には、シベリアはロシア人に、アラスカは米国人に、カナダ北部はカナダ人に、そしてグリーンランドは18世紀にデンマーク人によりそれぞれ植民地化され、異なる国に住む極北の民は異なる文化を形成してきた［岸上1998: 18-19］。極北に住むこれらの先住民は、ロシアではユッピック（Yup'ik）と自称しているが、ロシア政府の公称はエスキモーである。アラスカの先住民の自称は地域によりイヌピアック（Inupiaq）あるいはユッピック（Yup'ik）であるが、アラスカ州政府の公称はエスキモーである。デンマーク領グリーンランドの先住民の自称は地域によりイヌイット、カラーリット（Kalaallit）、イト（It）であるが、グリーンランド政府は総称にカラーリットを用いている。カナダでは地域により、自称はイヌイットあるいはイヌヴィアルイト（Inuvialuit）であるが、カナダ政府の総称はイヌイットである［ibid.: 13-14］。

今日のカナダのイヌイットの文化に影響を与えたのは、シブリルミウット、前ドーセット、チューレの文化であろう。

(1) 親族関係

イヌイットの社会では親族関係が重要であり、血縁と婚姻の結びつきに基礎をおいている［岸上1998: 36］。イヌイットは親族関係を拡大するために、婚姻、配偶者交換、養子縁組など、さまざまなパートナーシップを利用してきた。同じキャンプの親どうしが子供の幼少の時期に贈り物を交換し、婚約が成立することが多かった。婚約により、双方の親は親密で継続的な協力関係を築き、家族間の同盟的ネットワークを拡大させる有効な手段となっていた［ibid.: 46］。男の子は猟の経験を積んで一人前と認められる10代後半、女の子は初潮を迎えるころに、親の決めた相手と結婚することが多かった。彼らは「幼いおとな」として位置づけられ、通常、結婚後3〜4年後に子供をもうけて初めて、「本当のおとな」として認められた。

> Prior to the arrival of Christian missionaries and non-Native colonial administrators, Inuit accomplished marriage without ceremony or much fanfare.

To be considered married, a couple seemed started living together. Children were sometimes betrothed at birth, but betrothal did not always result in marriage, and it was more often the case that a marriage would be arranged once an individual was skilled enough to carry out adult tasks.

宣教師や非イヌイットの植民地役人が到来するまで、イヌイットは特別な儀式や大騒ぎをしないで結婚を行っていた。カップルはいっしょに住むことにより結婚したとみなされていた。子供たちは生まれてすぐに婚約者が決められることもあったが、この婚約は必ずしも結婚に結びつかないこともあった。結婚は大人の仕事ができるくらいになって行われることが多かった。［Stern 2010:12］（筆者訳）

また、配偶者交換は親族の数を増やす機能があると考えられ、連帯力を強めた［岸上 1998: 42］。

While many married couples shared a deep affection for one another, traditional Inuit culture permitted, and even encouraged, spouse exchange － short-term exchange of partners for the purpose of sexual relations.

多くの結婚したカップルはお互いに深い愛情を抱いていたが、一方で、伝統的なイヌイット文化は性交渉のために短い期間の配偶者交換を許すどころか奨励していた。［Stern 2010: 16］（筆者訳）

また、イヌイット社会では、とくに祖父母による養子縁組が多かったが、親族関係の拡大、均等な食料資源の配分、祖父母にとって将来の養老保険など、複数の機能があったと考えられている［岸上 1998: 47-48］。カナダのネツリック・イヌイットには、遠い親戚のアザラシ肉分配パートナーがいて、制度化されたアザラシ分配制度が存在し［ibid.: 47］、このようなパートナー関係は経済的な連帯が強まる機能を持っていた。

(2) 宗教

イヌイットの宗教は霊魂の存在を信じるシャーマニズムであり、シャーマン

は、悪い霊魂による病気や不幸を治したり、助けたりする役割も担っていた［岸上 2005: 109］。イヌイットの宗教にはリズムがあり、夏には出生および死の儀礼などの家族単位の祭祀に限られている一方、食料が不足する冬場には、飢饉を払いのけるためにも、公的で荘厳なシャーマニズムの儀式がしばしば開催された［モース 1981: 83］。冬の生活は祭祀が共同体で行われ、集団的である。また、生物を生かす霊魂は人や動物が死ねばその体を離れ、別の人や動物に宿り、再生するという循環の思想が存在し、さらに、霊魂のレベルでは人間も動物も差はないと考えられていた［岸上 2005: 107］。獲物の霊魂を再生するのは、殺したイヌイットの責任であり、敬意を払って捕獲し、無駄にすることなく利用し、肉などはほかの人と分かち合うことにより動物は再生すると考えられていた［ibid.: 108］。

(3) 命名法
　新生児の命名法も霊魂の考え方にもとづいていた。当時はイヌイットにはファースト・ネームしかなく、名前は霊魂そのものであり、祖父母やおじ、おば、亡くなった人でとくに記憶にとどめておきたい人などに因んで名づけられることが多かったが、名前の霊魂は、性格、資質、人格などを元の人物から受け継ぐと考えられていた［岸上 1998: 99］。

　　For the most part, Inuit children did and still do receive the name of a recently deceased member of the community.
　　たいていの場合、イヌイットの子供は地域で最近亡くなった人の名を受け継いでいたし、今でもそうである。［Stern 2010: 6］（筆者訳）

(4) 食物と分配
　獲物に敬意を払い、再生を願うという宗教的な意味と、厳しい自然のなかで助け合って生きるという両方の意味から、獲物はキャンプの親族や、狩猟や漁撈に協力してくれた仲間と分配された。大型の獲物はほかのハンターなどにも分けられることがあった。
　夏にはサケに似たホッキョクイワナが大量に捕れ、主食であった［岸上 1998:

63]。夏と秋は海上でのアザラシ猟とシロイルカ猟が盛んである。夏にはシロイルカの群れが回遊してやってくるので、沿岸に追い込み、捕獲し、分配する [ibid.: 64]。海岸での二枚貝やウニの採集も夏の楽しみである。また、渡り鳥がやってきて産んだ卵も貴重なタンパク源である。夏には女性たちがベリー類を摘みに出かけるが、数少ない植物性の食べ物である [ibid.: 74]。

秋にはやはり大物のセイウチ猟であるが、分配されたセイウチの肉は発酵させ、保存食にもなる [ibid.: 67]。秋と冬にはカリブー猟が行われるが、獲物の肉、毛皮、脂身が分配される。

冬のアザラシ猟はアザラシの呼吸穴を利用した狩猟であるが、アザラシは、海面が凍結した後も呼吸をするための穴を海氷上に複数持っており、ハンターはマイナス 30 度の極寒のなかじっと待ち、呼吸に現れたアザラシを銛でつき、射止め、その場で解体し、肉や毛皮、脂身を分配した [ibid.: 77-78]。

春には海氷縁付近で日光浴をするアザラシを捕獲できる。巣穴にはアザラシの新生児もいて、捕獲した場合は柔らかい新生児の肉を好んで食した。イヌイットの食物分配には、集団内で食べ物を公平にするという平準化機能があった [ibid.: 78]。

2. ヨーロッパ人との接触とその影響

(1) ヨーロッパ人との接触

紀元後 1000 年ごろに、ノース人と呼ばれる北欧人がラブラドールやバッフィン島にやってきたことが知られている。15 世紀には、ポルトガルやスペインのバスクなどヨーロッパの漁民がタラ漁業のためカナダの北東部にやってきたが、イヌイット社会にはあまり影響は与えなかった [岸上 1998: 20]。

イヌイットに影響を与えたのは、その後北極圏にやってきたヨーロッパ人の探検家、鯨捕獲者であった。マーティン・フロビシャー（Martin Frobisher）は、エリザベス女王の私掠船（privateer）の船長として、1576 年 8 月 18 日にバッフィン島に到着した。現在、彼の到着した湾のあたりはフロビシャー・ベイ（Frobisher Bay）と呼ばれている。到着後、乗組員数人が現地のイヌイットに捕えられ、帰らぬ人となったが、彼は鉱石を持ち帰った。翌 1577 年 7 月に再び

第 2 章　イヌイットの歴史 (1)

バッフィン島にやってきて、数週間滞在し、200 トンの鉱石を再びイギリスに持ち帰った [The Canadian Encyclopedia 2017]。エリザベス女王は、この新しい土地が鉱石など豊かな資源に富んでいると考え、イギリスの植民地にする命を下した。翌 1578 年、再びフロビシャーをバッフィン島に送り込むが、イヌイットの同意が得られず、植民地化に失敗する [ibid.]。フロビシャーは 1350 トンの鉱石をイギリスに持ち帰るが、それらは価値がないものと判明し失職する [ibid.]。しかし、現在でも湾の名前以外に、ヌナブト準州都には、フロビシャー・イン (Frobisher Inn) が中心地にあり、宿のみならず、食事のできるレストランとして社交の場となっている。

　続いて、1607 年、1608 年には日本や中国などアジアへの北西航路を探し、イギリスの探検家ヘンリー・ハドソン (Henry Hudson) が北極圏にやってきたが、海上の氷に難儀し、イギリスに戻る [ibid.]。1609 年にオランダの東インド会社に雇われ、再びアジアへの北西航路の発見のために北極圏に向かうが、氷に阻まれることを予測し、航路を変えた。現在のアメリカのニューヨーク湾に入り、ハドソン川をさかのぼったのだろうといわれている。1610 年にはイギリスの船、ディスカバリー (Discovery) でハドソン海峡を通り、ハドソン湾に到着し、北西航路を発見するが、11 月になり、海が氷に閉ざされ、上陸して越冬を余儀なくされる。翌 1611 年の春に氷が解け、航海を再開しようとするが、本国帰還を望む乗組員との間に不和が発生した。船を下ろされ、小船に置き去りにされ、消息不明となった [ibid.]。しかし彼の名前は、ハドソン湾、ハドソン海峡、ハドソン川に残っている。ヌナブト準州都イカルイトには、彼が最後に乗った船ディスカバリーに因んだディスカバリー・イン (Discovery Inn) があり、多くの旅人をもてなしている。

　1576 年にフロビシャーがバッフィン島に到着して以来、1847 年のジョン・フランクリン (John Franklin) の探検までに 22 人の探検家が北極圏を訪れたが、イヌイットにさほど直接の影響はなく、北極圏の地図がヨーロッパ人により塗り替えられたという程度の影響といえる [ITK 2016a: 10]。イギリスの海軍将校だったフランクリンは、北西航路の確認のため、当時としては最高の設備の船 2 隻で、1845 年にカナダの北極圏に向かい、約 2 年滞在していた。だが 1847 年 6 月に突然 2 隻の船が行方不明となり、129 人の乗組員が消息を絶った [The

35

Canadian Encyclopedia 2017］。北極圏探検の最大の悲劇といわれてきたが、2014 年と 2016 年に相次いで、2 隻の船が海底から発見された［ibid.］。

　カナダのイヌイットにいちばん影響を与えたのは、捕鯨や毛皮貿易のために北極圏にきた欧米人であった。1700 年代にオランダの捕鯨船がやってきたが、イヌイットに影響を与えたのは 1800 年代からであった。1820 年から 1830 年の 10 年間に 750 隻の船と 8,000 人の捕鯨者がスコットランド、アメリカ合衆国から訪れた［Purich 1992: 29］。捕鯨者は毛皮などと交換に、紅茶や嚙みタバコ、ライフル銃、生活用品などをイヌイットに与えた［ibid.: 30］。イヌイット社会では以来、男女ともタバコを常用する者が多い。イグルリック（Igloolik）では、イヌイットは夏には狩猟のために内陸部に移動していたが、銃やその他の品を手に入れるために夏も捕鯨船に近い海岸沿いに住むなど、彼らの生活を変えた。タバコ以外にアルコールも、イヌイットの社会に入ってきた［ibid.: 30］。

　1850 年代になると海岸に捕鯨用のステーションがつくられ、一年中外来者の捕鯨者が滞在し、イヌイットに影響を与えた［ITK 2016a: 11］。いちばん問題であったのは、捕鯨に携わる欧米人を経由して、結核、麻疹、梅毒など、さまざまな伝染病がイヌイット社会に入り、20 世紀の中ごろまでイヌイットの人口の減少が続いたことである［岸上 1998: 21］。1800 年代の後半には、捕鯨のしすぎでクジラはあまり捕れなくなった。捕鯨産業は利益を生まなくなると同時に、大切なイヌイットの食料であったクジラの減少が彼らの食生活に悪影響を与えた［ITK 2016a: 12］。捕鯨者がクジラの代わりにアザラシやセイウチを捕獲したことも、イヌイットの食生活の悪化に拍車をかけた［ibid.: 12］。捕鯨者のなかには、毛皮貿易に鞍替えする者も出てきた［ibid.: 12］。

　捕鯨者に代わって北極圏にやってきたのは、毛皮商人である。1911 年には国王チャールズ 2 世から独占的な免許を得ていたハドソン湾会社（Hudson's Bay Company、以下 HBC と省略）が北部にやってきて、1938 年までに 80 か所の交易所を設けた［Purich 1992: 34］。とくにイヌイットが捕獲していなかったホッキョクギツネが取り引きされたが、イヌイットはガイドや通訳として、捕獲猟に参加する場合も多かった［ibid.: 35］。ハドソン湾会社はホッキョクギツネの毛皮のために、イヌイットと契約を結んだ。本来は冬季にはアザラシを呼吸穴で捕獲していたイヌイットはアザラシ猟をやめ、ホッキョクギツネ猟に変える者も

多くなり、彼らの狩猟に変化をもたらした［ibid.: 35］。ホッキョクギツネの捕獲には、以前のカリブーなどの狩猟とは異なり、広い場所で小グループに分かれる必要があった。従来の狩猟のための集団は崩れ、同時に食べ物の分配、狩猟技術、社会生活などのイヌイットの伝統は次第に失われていった［ITK 2016: 12］。契約を結んだイヌイットには、毛皮の代金以外に年間20ドルが支払われた［Purich 1992: 35］。

イヌイットの生活には生業のみならず、貨幣経済が入り、イヌイット社会は徐々に混交経済へと変化していった。イヌイットは毛皮と引き換えに、ライフル銃、カヌー、鉄器、紅茶や小麦粉をはじめとする食料を得、イヌイットの生活は変化していった。このホッキョクギツネの毛皮貿易は、1930年代の恐慌、第二次世界大戦などで、毛皮の市場が崩壊するまで盛んであった［岸上 1998: 22］。毛皮市場の崩落では、自然を相手に暮らしていたイヌイットが、ホッキョクギツネ1匹の毛皮の値段が40ドルから10ドルに下落する市場経済の恐さを初めて経験すると同時に、貧困に陥ることとなった［Purich 1992: 42］。

1800年代の終わりごろから、宣教師が徐々にイヌイット社会に入り込んでいった。毛皮貿易交易所が各地にできると、ヨーロッパからの宣教師の数は増え、熱心に布教した。英国国教会、カトリック教の宣教師が主であった。彼らはキャンプに入りこみ、イヌイット語で布教をした。イヌイット語の聖書は回し読みされ、キリスト教に改宗するイヌイットが増えた［Laugrant *et al.* 2009: 21］。

捕鯨者、毛皮商人、宣教師がイヌイット社会に影響を与えていた当時は、カナダ中北部の領有権ははっきりしていなかったが、1897年にバッフィン島のカナダ領有権が宣言された。第二次世界大戦が終わるころまでは、カナダ政府は限定的に、定期的なパトロール、飢饉のさいの救済や施療を行っていた［岸上 1998: 23］。連邦政府の王立カナダ騎馬警察（Royal Canadian Mounted Police、以下RCMPと省略）によるパトロールのための建物が1903年に西北部に建てられた。数年後には東北部にも建設され、カナダ北部の法と秩序を守る役割を果たしていた［ITK 2016a: 13］。しかし、連邦政府はRCMPによるパトロール以外はできるだけ関わらないで、イヌイットが伝統的な生活を続けられように、との方針でイヌイットは無視され、イヌイットの社会サービスは毛皮商人と宣教師に任されていた［Purich 1992: 37］。

(2) ヨーロッパ人との接触の影響

すでにみてきたように、捕鯨者、毛皮貿易商人、宣教師などとの接触により、イヌイット社会は大きな変化を遂げる。拡大家族による狩猟の生業は減り、少しずつ欧米式の道具や食べ物に依存するようになり、貨幣経済に巻き込まれていった。ライフル銃を入手するようになり、毛皮用のホッキョクギツネの捕獲などのため、集団で狩猟するための移動が減り、生業と貨幣経済の混交経済となる。イヌイットは、貨幣経済の毛皮貿易による現金で、生業に役立つ銃や銃弾などを購入し、狩猟の方法も変化した。また、タバコ、アルコールなどがイヌイット社会に入って悪影響を与えた。しかし、いちばんの悪影響は、伝染病の蔓延による人口の減少によるイヌイット社会の弱体化であり、欧米の貨幣経済依存を招く要因となったことである［岸上 1998: 21］。宣教師は、イヌイット語による布教でキリスト教信者を増やし、1930年代にはほとんどのイヌイットがキリスト教徒に改宗していた。

> Slowly, we started to lose control over the destiny of our culture and our lives.
> ゆっくりと、徐々に我々イヌイットは自らの文化や生き方の運命をコントロールできなくなっていた。［ITK 2016a: 12］（筆者訳）

毛皮貿易に巻き込まれ、毛皮の代金や契約による年間20ドルの支払いで、多くのイヌイットは、従来どおりの狩猟の仕方をやめ、次第に貨幣経済に依存していく。だが、毛皮市場の暴落により思いどおりにいかず、貧困に陥り、さらに捕鯨者や毛皮貿易商人のもたらした伝染病で人口が激減する。この時代は、イヌイット社会が徐々に欧米の影響を受け、変化し、弱体化していった時代といえる。

3. カナダ連邦政府とイヌイット

(1) 連邦政府

1939年の最高裁判決でイヌイットは正式にカナダの先住民であると認められたが、長年連邦政府が北部やイヌイットに無関心で、ほとんど放置していた

第 2 章　イヌイットの歴史（1）

　事態に変化が起こったのは第二次世界大戦中であった［Purich 1992: 41］。戦争の勃発で、政府の政策の見直しが行われ、有識者から貧困で苦しむイヌイットを救済すべきであるとの進言がなされたこと、ヨーロッパへの空路ルートとして北部の役割が増し、カナダ政府は北部やイヌイットを認識し始めたことによる［ibid.: 41］。アメリカ軍の基地が北部の 4 か所におかれていたが、大戦中はヨーロッパへの物資などを運ぶ基点として、当時の北部の人口の 3 倍にあたる 43,000 人のアメリカ軍人が北部に駐在していた［ibid.: 42］。

　1940 年代は、1930 年代の世界恐慌、大戦による贅沢の禁止などで、ホッキョクギツネの毛皮価格が暴落し、おまけに結核がイヌイット社会に蔓延し、イヌイットの生活は最悪であった［岸上 2005: 21］。アメリカ軍はイヌイットの飢餓状態と結核蔓延を、カナダ政府に強く訴えた［Purich 1992: 42］。カナダ政府はまずイヌイットの実態を把握するために、1941 年に 7,700 人のイヌイットにナンバーをつけ、監督下におくことにした。

> Eskimos were given numbers because they generally only had one name and a lot of Eskimos had the same ones and sometimes they even changed their name to something different. All this was very confusing in the records that people were trying to keep, like the RCMP, missionaries, doctors, ... So the government decided to give them numbers which I think was a good thing.
>
> 　エスキモーは一般的には一つの名前しか持たず、多くのエスキモーは同じ名前を持ち、さらにときどき違った名前に変えたりするので、ナンバーがつけられることになった。彼らの名前は、連邦警察、宣教師、医者などが記録しようとすると混乱を引き起こした。政府が彼らにナンバーをつけることにしたのは、とてもいいことだと思う。［Purich 1992: 42］（筆者訳）

　イヌイットはファースト・ネームしか持たず、親族などに因んで命名されていたので同名が多く、さらに名前には霊魂が宿ると考えられ、ときにはいくつかの名前を持っていたりしたので、判別は困難であった。宣教師の到来で 1930 年代には多くのイヌイットがキリスト教徒になり、洗礼と同時にクリスチャン・ネームが与えられたが、イヌイットの名前をミドル・ネームに入れ

ることも多く、イヌイットどうしではイヌイットの名前を使い続けることが多かった。

(2) 連邦政府の定住化政策

　1940年代から、徐々にイヌイットの定住化政策が進められたが、必ずしもイヌイットの意志に沿ったものではなく、ときには強制移住というかたちで定住化が推し進められた［ibid.: 44］。1950年代の終わりごろに、従来のイヌイットの集落地、アカラヴィック（Akalavik）に代わり、イヌヴィック（Inuvik）が西部の中心地に選ばれた。イヌイットは必ずしも移住を望まなかったが、当時の西部の油田、天然ガスブームに沸くイヌヴィックの将来性に賭け、多くのイヌイットが移住した［ibid.: 44］。東部の中心地には現在の準州都イカルイトが選ばれたが、第二次世界大戦中にはアメリカ軍の基地が設けられ、その後もレーダーや気象のための基地となっていたイカルイトに、1950年代には多くのイヌイットが移住した［ibid.: 44］。多くのイヌイットは、急速に定住化させられた。

> 　The transition into settlements was rapid for many Inuit. For example, the majority of Kangiqtugaapingmiut moved into the settlement of Clyde River, Nunavut, during the 1960's, encouraged directly or indirectly by the promise of education, healthcare, and housing. In 1961, the Inuit population of Clyde River was 32; by 1969 it had reached 210.
> 　多くのイヌイットにとって、居住地への移住は急であった。（たとえば）1960年代には教育、健康管理、家を直接あるいは間接的に約束されて、カンギクツガピングミウットに住んでいたイヌイットの大多数はヌナブトのクライド・リバーに移住した。（その結果）クライド・リバーの人口は、1961年の32人から1969年には210人となった。［ITK 2016a: 14］（筆者訳）

　イヌイットの集落地とは別の場所に居住地がつくられ、移住したことがうかがえる。イヌイットが発展するには、海岸沿いや島などのイヌイットの集落から離れ、政府の決めた居住地に移ることが必要だと考えられていた［ibid.: 14］。1950年代には資源開発のため、多くの政府や民間の白人のカナダ人がイヌイッ

第 2 章　イヌイットの歴史 (1)

図 2-1　グリーンランドからアラスカにかけて建設された遠距離早期警報レーダー網（DEW Line）
[The Canadian Encyclopedia 2017: 12]

トの土地を発掘し始め、イヌイットは自らの土地請求権の必要を感じ始めた。
　さらに 1954 〜 1957 年にかけて、米ソ冷戦に備え、北部国境地域に米加共同で、遠距離早期警報レーダー網（Distant Early Warning Line、以下 DEW Line と省略）が建設された。現在のケンブリッジ・ベイ（Cambridge Bay）が基地の機能を持つ新しいコミュニティとなり、多くのイヌイットが移住した［Purich 1992: 44］。DEW Line の建設は、イヌイットの教育にも影響を与えた。英語に堪能な職業教育に重点がおかれ、イヌイット語は無視され、英語への同化教育が行われる。
　また、1953 年の極北への強制移住は、今でもイヌイットに「白人のひどい仕打ち」と語り継がれている。筆者のインタビューやアンケート調査においても、数人のイヌイットが言及していた。1953 年に、カナダの極北の領有権主張のために、北ケベックの現在のイヌクジュアック（Inukjuak）から 11 家族が極北のエレスミア（Ellesmere）島に強制移住させられたが、寒さと食料不足で難儀した［Purich 1992: 44-45］。また、強制移住したイヌイットの女性は、警官に暴行され、その結果食料を得るという奴隷のような体験をし、後々まで問題

41

となり、1989年には、連邦政府が北ケベックへの帰還者に25,000ドルを支払うこととなった［ibid.: 45］。

　1950年代には、イヌイットが狩猟を行うにあたって障害になる二つの出来事があった。一つは、イヌイットがスノー・モービルやライフル銃を所有するようになり、獲物の捕獲が容易になったので、捕獲し過ぎを防ぐために、カナダ野生動物保護局（Canada Wildlife Service）が捕獲量と捕獲できる動物の種類に関して厳しい制限を行ったことである［ITK 2016a: 15］。いま一つは、1950年代なかごろから、定住化したイヌイットの犬ぞり用の犬数百匹が、カナダ警察の騎馬警官（RCMP）により銃殺されたことである［ibid.: 16］。イヌイットにとっては犬ぞり用の犬は、移動を助け、狩りを成功させる重要な存在であったので、この出来事は衝撃であった。カナダ政府側は、犬は危険であるうえ、悪い病気を広める可能性があることを憂慮していた［ibid.: 16］。イヌイットに伝染病を移し、結核などを蔓延させたのは白人であったことを思うと皮肉である。

　連邦政府は各コミュニティに学校と看護所をつくり、イヌイットの定住化は促進され、1960年代までにはほとんどのイヌイットは定住した。社会の広義の生態適応パターンは、人口が分散し移動性の高いバンド型社会から、人口が集中した大規模な定住型コミュニティへと移行した［岸上 1998: 109］。また、イヌイットには財産を持つという概念がなく、ほとんどのイヌイットは連邦政府の家を借りたが、狭かったり、施設が悪い場合が多く、今でもイヌイットの家の状況は悪い。イヌイットの定住化と同時に、教育、健康、福祉、経済関係の政府関係の仕事に就く白人が北部に住むようになったが、彼らは給料もよく、政府の借り上げ木造住宅に住み、南部と変わらない生活をしている。一方、イヌイットは政府からの福祉金以外の現金収入も少なく、住宅事情も悪く、貧しかった［Purich 1992: 46-47］。

　　It rapidly became obvious that moving Inuit (whether voluntarily or otherwise) to settlements was creating as many problems as it was solving.
　　自分の意志であろうとなかろうと、イヌイットが定住したことは解決すべき多くの問題を引き起こしたことが急速に明らかになった。［ibid.: :47］（筆者訳）

定住化は、イヌイットの生活を大きく変えると同時に、新たな多くの問題を引き起こした。

(3) 連邦政府の社会保障

　前述したように、毛皮貿易の衰退により多くのイヌイットが貧困になり、飢餓の危険が高まってきたので、連邦政府は 1945 年から家族扶養手当（family allowances）を支給した。当初は地域の警察や交易所をとおして、粉ミルクやシリアル、乾燥させて粉にした卵、缶詰めの果物、ジュース、小麦粉などが渡される程度であった［ibid.: 48］。小切手で家族扶養手当をイヌイットに直接支給したのは 1960 年である［ibid.: 48］。その後、徐々に老齢年金（old-age pensions）、失業手当（unemployment payments）、母子家庭への補助金（aid to women with dependent children）、身障者への補助金（disability payments）なども支給されるようになる。イヌイットは連邦政府からの支給金の現金収入に一部頼ることになり、経済や生活はやや安定した［岸上 1998: 109］。

　さらに 1950 年代からは、一部ではあるが、滑石彫刻や夏季の建設土木工事の仕事、鉱山での出稼ぎ仕事、生協での仕事などによる賃金収入を得るイヌイットが現れた。こうした賃金は連邦政府の各種福祉金とともに、イヌイットの現金収入となった［岸上 2005: 21］。しかし、実際にはたとえば鉱山の働き口の 85％程度は南部からの労働者により占められていて［在カルガリー総領事館 2016］、イヌイットの採用枠は少なく、イヌイットの雇用は厳しい状況であった。

　医療サービスに関しては、結核が蔓延していたため、1947 年から船上でのレントゲン撮影を実施した。結核患者はトロント、モントリオール、ハミルトン、エドモントンなど、南部の結核療養所に運ばれたが、家族には何も知らされなかった［Purich 1992: 48］。治療が成功し、完治した場合は船や飛行機で適当に居住地へ運ばれたが、必ずしも患者の居住地ではなかった［ibid.: 48］。死亡する場合も多かったが、くわしい経緯は家族に知らされなかった。南部の療養所に連れていかれ、音信もなく、治療後は適当な居住地に戻されたり、突然死亡の連絡を受けたことは、イヌイットに不安と不信感を抱かせた。1953～1964 年にかけて、3,700 人ものイヌイット結核患者が南部の療養所に送られた［ibid.: 48］。その後、各コミュニティには健康センター、一部には看護所（nurse station)、イカルイトには病院もつくられた。イヌイットは定期的な医療サービスも受けることができるようになり、イヌイットの人口増加につながった。

第3章
イヌイットの歴史 (2)

1. 北西準州時代

(1) 北西準州への委譲

　イヌイットの定住化がほぼ完了すると、連邦政府は権限の一部を北西準州に委譲する決定をした。連邦政府から北西準州に教育が委譲されたのは1969年4月であったが、イヌイットの多い東部への委譲は翌1970年であった。

　　In 1969 the federal government transferred responsibility for education, welfare, economic development and municipal affairs to the territorial government.
　　1969年に連邦政府は、教育、福祉、経済開発、準州政府の地方自治行政の責任を準州政府に委譲した。[Purich 1992: 57]（筆者訳）

(2) 北西準州

　19世紀にハドソン湾公社が所有していたルパーツ・ランド（Rupert's Land）が1870年にカナダ政府に売却され、1870年に北西準州となった。1898年には西部がユーコン準州として分離成立し、1905年には分離したアルバータ州、サスカチュワン州が州として独立した。1912年に北西準州の一部がマニトバ州、オンタリオ州、ケベック州に入り、北西準州は現在の大きさとなった[Purich 1992: 63]。1870年には連邦政府によって任命されたメンバーによる評議会（council）ができたが、1888年には議会（legislative assembly）となり、1891年にはメンバーはすべて選挙で選ばれるようになり、自治政府への道を歩む。し

かしながら、1905年には政府が任命した司政官（commissioner）により統治されていき、議会も廃止され、再び任命されたメンバーによる評議会のみとなる［Purich 1992: 57］。議会が復活するのは1951年であるが、メンバーが全員選挙で選ばれるのは1975年になってからである［Purich 1992: 57］。

　北西準州は原油や天然ガス、ダイヤモンド、金、貴金属などの天然資源に恵まれているが、すべて連邦政府管轄下にあり、同準州の歳入のほとんどすべてを連邦政府からの交付金に頼っていた。準州政府も天然資源から財源を得ることができるように長年働きかけ、2014年4月から天然資源、水、公共地の管轄と課税権が、連邦政府から準州政府に委譲された［在カルガリー総領事館 2016］。現在の人口構成は、英語系78,1％、フランス系2.6％、その他先住民などが19％である［Official Languages and Bilingualism Institute（OLBI）2017］。1999年のヌナブト準州成立で、先住民の比率は低くなっている［ibid.］。

(3) 北西準州時代のイヌイットの生活

　イヌイットが伝統的な狩猟を行うことが次第に困難になってきたのは、費用がかかりすぎるからであった。スノー・モービルの値段は4,000ドル以上であり、ガソリンやライフル銃、銃弾などが必要で、狩猟を行うには年間10,000ドルが必要であった［Purich 1992: 50］。狩猟のための道具を買い、維持するためには現金収入が必要であった。北西準州の一部の7コミュニティは、資源が豊かで、白人も多く、開発地域とされていた。だがほかの多くのコミュニティは、先住民がほとんどで未開発地域であり、北西準州時代初期の教育レベルは9年生以下の修了率がほとんどであった［ibid.: 50］。

(4) 北西準州の社会問題

　イヌイットはもともと家族をとても大切にする民族で、健康診断の普及などで彼らの健康状態がよくなったこともあって出産率が上がり、若者が増え、深刻な家不足（housing shortage）の問題を引き起こした。3,000軒の新しい家が必要であったが、北西準州では、年間150軒を供給するのがせいいっぱいであった［ibid.: 51］。北西準州のイヌイットの多くは、住宅事情の悪さ、貧困、失業という問題に直面した［ibid.: 51］。（準州）政府機関で働けるイヌイットは20人

第 3 章　イヌイットの歴史 (2)

中 9 人であり ［ibid.: 59］幸運であったが、観光業やカナダのレンジャー（ranger）などに従事するイヌイットも増えてきた ［ibid.: 51］。資源開発の鉱業などの産業は連邦政府が行い、そこで働く人はほとんど南部からの季節労働者で、イヌイットは少なかった。だが前述したように、2014 年から資源開発の管理が準州政府に任されるようになったので、今後は改善される見込みである。

2.　ヌナブト準州成立

(1)　ヌナブト準州成立への道

　北西準州は広大で、東部の住民はほとんどイヌイットであったので、イヌイットは分離することを願っていた。

　　In 1976, the Inuit Tapirisat of Canada put forward a proposal for settlement of their land claim along with the creation of Nunavut.
　　1976 年に、イヌイット協会、イヌイット・タピリサット・カナダ（the Inuit Tapirisat of Canada、以下 ITC と省略）は、ヌナブト準州創設と並行して、土地請求に関する取り決めの提案を推し進めた。［Purich 1992: 67］（筆者訳）

　イヌイットは 60 頁の「ヌナブト」（Nunavut）というタイトルの提案書を 1976 年 2 月に連邦政府に提出し、土地権請求と政治的発展は一つのものとして交渉すべきであると主張した ［ibid.: 67］。この提案は、おもにオタワの白人の弁護士に相談して書かれたものであり、イヌイットのコミュニティの意向はあまり反映されていなかったので、退けられた。1977 年 8 月にピエール・トルドー（Pierre Elliott Trudeau）首相は、北西準州にも関係していた自由党のドルーリー（B. Drury）議員に、北西準州の分割に関する意見書をまとめるように命じた。しかし 1978 年に、分割には反対ではないが、十分調べられない状況であるとの意見書が出された ［ibid.: 68］。

　1982 年には北西準州議会の一部のメンバーとメティス、デネー、イヌイットなどの代表からなるロビー・グループが結成され、北西準州の分割に関する選挙も行われた。結果は分割賛成が 56％となり、その後の準州議会では

19名全員が分割賛成に投じた [ibid.: 70]。ロビー・グループは立憲同盟 (The Constitutional Alliance) という名前となり、同年7月の会で、東部のヌナブト立憲フォーラム (The Nunavut Constitutional Forum、以下 NCF と省略) と西部立憲フォーラム (The Western Constitutional Forum、以下 WCF と省略) を創設し、立憲同盟は、両フォーラムの関係を調整する役割を担っていく [ibid.: 71]。東部立憲フォーラムは次々と白書 (paper) を出し、ヌナブト協定、ヌナブト成立の準備を進める [ibid.: 71]。1987年には NCF と WCF の間で、仮の境界線 (boundary line) を決めたイカルイト合意書 (Iqaluit Agreement) が調印された [ibid.: 71]。
　1982年11月には、イヌイットの土地請求権と北西準州の分割の方向を連邦政府も認めた [ibid.: 72-73]。1984年に、先住民権に関する立憲会議 (The 1984 Constitutional Conference on Aboriginal Rights) で、トルドー首相は次のような宣言を行った。

> 　The great majority of the Inuit, ... who live in the Eastern Arctic, are also engaged in the land claims settlement process. ... They look to division of the Northwest Territories setting up in the eastern they call Nunavut a public or non-ethnic government on the model of a territorial government. The government of Canada has agreed in principle to the division of the Northwest Territories and is ready to give favourable consideration to those Inuit proposals.
> 　北極圏東部に住む大多数のイヌイットは、土地請求権の取り決めの過程にある。彼らは北西準州の分割に期待を寄せ、ヌナブトと呼ぶ東部に、準州政府のモデルにもとづき、公的、非民族的政府を打ち立てようとしている。カナダ政府は原則として、北西準州の分割に同意し、イヌイットからの提案を好意的に考慮するつもりである。[ibid.: 74]（筆者訳）

カナダ政府の北西準州分割承認が述べられているが、あくまでも公的、非民族的な準州政府であると、釘をさしている。その後、準州政府と連邦政府の両方で、分割した場合の問題などが検討されるが、準州政府は境界線や（準州）政府機関の人的資源の移動など、連邦政府はヌナブト成立のための費用、政府関係の雇用の問題などを検討し始める [ibid.: 73]。1989年には、ヌナブトの

土地使用の責任を担うヌナブト計画委員会（The Nunavut Planning Commission）が つくられた［ibid.: 76］。1990 年に土地請求に関するヌナブト協定（Nunavut Land Claims Agreement）が原則として合意されると、ヌナブト野生動物管理忠告ボード（Nunavut Wildlife Management Advisory Board）が新しくでき、クジラの捕獲量を減らす提案を行ったが、イヌイットの実情を反映していないと反対される。また、ヌナブト協定にもとづく補償金などを受け取るために、ヌナブト・トラスト（Nunavut Trust）もできた［ibid.: 72］。ヌナブト準州成立へ向けて、着々と準備が進められていった。

(2) ヌナブトへの障害

東部イヌイットにヌナブト準州成立の機運が高まる一方、反対や懸念の声も聞かれた。ユーコン準州の一部と資源の豊かなマッケンジー・デルタ（Mackenzie Delta）などを含む北西準州の一部に住んでいたイヌイットの一民族イヌヴィアルイト（Inuvialuit）は、まだ北西準州分割の時期ではないと懸念した［ibid.: 78］。彼らは 1984 年に、土地権などに関して連邦政府とのイヌヴィアルイト最終合意（The Inuvialuit Final Agreement by the Government of Canada）を結んでいた。北西準州の西部に住んでいたメティスやインディアンのデネ一族も、分割により北西準州では先住民が少数派となり、先住民の問題がないがしろにされかねないと懸念を示した［ibid.: 78］。

境界線をめぐる別の問題もあった。資源の豊かなマッケンジー・デルタ地帯は北西準州に残されることになり、キティクミュート（Kitikmeot）地方はヌナブトに入ることになったが、最終的に 1992 年の北西準州の選挙で、55％の賛成を得て決定された。連邦政府は徐々に権限を北西準州に委譲していたが、1990 年の北西準州による土地と水の管轄の申請は却下され［ibid.: 86］、ヌナブト準州にどのような権利を与えるかも問題となった。

ヌナブトには社会、経済的な二つの問題があった。一つは、ヌナブト準州政府の職員の問題で、イヌイットに学歴があり管理能力のある人材は少なく、白人に頼らざるをえないという実情であった。

As long as current trends persist, most of the people living in the Arctic with

professional and university qualifications will be white, and they will continue to dominate the higher levels of management in both the private and public sectors.
　現在の傾向が続くかぎり、北部に住み、専門的で大学卒業の資格を持つ者のほとんどは白人であり、彼らが私的および公的なセクターの双方で、高いレベルの管理の仕事を支配し続けるであろう。[ibid.: 87]（筆者訳）

イヌイットの若者のリーダー養成が課題である。
　いま一つは、新しい準州の誕生にかかる費用である。ヌナブト協定の締結で多額の補償金が支払われるのに加え、ヌナブト準州誕生には費用がかかり、白人のなかには疑念を抱く者も多かった。

　Critics argue that with its high birth rate and unemployment rate, and with little immediate prospect for economic development, the eastern Arctic simply isn't a viable territory. And at this time of economic restraint, can Canada afford two territories—at an additional annual cost of nearly ＄200 million—both dependent on the national treasury?
　批評家たちは、高い出産率、失業率に加え、すぐに経済発展する見込みもなく、（イヌイットの）東部北極圏は単純に独立できる準州ではないと主張した。この経済低迷の時期に、カナダ政府は二つの準州を支える余裕があるのであろうか？　双方とも連邦政府の資金に頼っているが、年間2億ドルの余分な支出となる。[ibid.: 79]（筆者訳）

ほかの先住民や一部の白人などがヌナブト準州成立に懸念を抱いていたが、イヌイットの組織が中心となり、ヌナブト協定、ヌナブト準州は推進される。

3．ヌナブト協定とヌナブト準州成立

(1) ヌナブト協定
　イヌイットは長い間、彼らがヌナ（nuna）と呼ぶ大地や海から必要な分のみを捕獲し、自然資源を大切にして生きてきたが、欧米人の捕鯨者によるクジラ

第 3 章　イヌイットの歴史 (2)

の乱獲、毛皮商人によるホッキョクギツネの大量の捕獲を経験し、自然保護の重要性を痛感した。また、北部の天然資源に目を向けた連邦政府や南部の業者により、自分たちの土地で石油などが大量に採掘されるのを目のあたりにし、自然資源の権利や土地請求権などを連邦政府と交渉する必要を痛感した。運動のための組織として、1971 年にカナダ・イヌイット協会（Inuit Tapirisat of Canada）が結成され、組織力を強化して交渉を進めていった。イヌイットは、分離、独立して特別な保護政策を受けるのではなく、カナダ社会の一員として現代的な生活を送る一方、伝統的な生活様式、言語、文化を守りたいと考えていた［Nunavvut Tungavik Inc. 2000: 4］。

　イヌイットの諸権益請求運動は地域ごとに行われたが、最初に連邦政府と協議したのはケベック州北部のイヌイットである。1975 年に連邦政府との間で、ジェームズ湾および北ケベック協定（The James Bay and Northern Quebec Agreement）が締結された。続いてヌナブトのイヌイットは、1974 年以来、長い時間をかけて政府と協議を行った。ヌナブトのイヌイットの組織と連邦政府の間でときには激しい議論も行われたが、じっくり議論しながら少しずつ合意の方向に導くので、長い時間を要した。長引いた交渉であったが、きわめて友好的に進められた。

> 　The protracted negotiations proceeded at a friendly pace, unlike negotiations of other Land Claims. "We had joint Christmas parties and barbecues with the federal team," one of the TFN's (Tungavik Federation of Nunavut's) negotiating team recalled.
> 　ほかの土地請求権の交渉とは違って、（ヌナブト協定は）友好的なペースで進められた。TFN（ヌナブト・トゥンガビック連合）のチームの一人は、「我々は連邦政府のチームと、（ときには）クリスマス・パーティやバーベキューをいっしょに楽しんだ」と思い起こしていた。［Purich 1992: 130］（筆者訳）

　交渉が友好的に進められ、イヌイットの代表と連邦政府の代表は、クリスマス・パーティやバーベキューを行ったことも述べられている。

　とくに、ヌナブトのイヌイットのために、1982 年にヌナブト・トゥンガビッ

ク連合（Tungavik Federation of Nunavut, TFN）が法人としてできる。長い協議の後、1990年にヌナブト協定の基本方針の合意が得られたが、イヌイット側はヌナブト協定とヌナブト準州成立を一体として交渉するのに対し、連邦政府側は別々の問題と考えていた。しかしイヌイット側は、ヌナブト準州成立が最終協定に含まれないかぎり調印しないと申し渡し、ついに1992年に連邦政府はイヌイットの要求を受け入れた［アマゴアリック 2003: 96］。同年11月には最終案に対する投票が行われ、85％のイヌイットの賛成を得て、1993年にヌナブト協定は連邦政府とヌナブト・トゥンガビック連合の間で調印された。

ヌナブト協定の第2条には、1982年カナダ憲法の第35条の範囲での同意であることが述べられている。

> Articles 2 Part 2: Status as a Land Claims Agreement
> 2.2.1 The agreement shall be a land claims agreement within the meaning of Section 35 of the Constitution Act,1982.
> 第2条第2部：土地請求協定としての立場
> 2.2.1　この協定は、1982年憲法の第35条の範囲内の土地請求協定である。
> ［Indian and Northern Affairs Canada 2013: 11］（筆者訳）

以下、ヌナブト協定（Indian and Northern Affairs Canada 2013）の必要な場所を引用し、説明する。イヌイットの土地の所有権に関しては、第3条に次のように述べられ、地図においても示されている。

> NUNAVUT SETTLEMENT AREA
> 3.1.1 The Nunavut Settlement Area shall be composed of "Area A", being that portion of the Arctic Islands and mainland of the Eastern Arctic and adjacent marine areas as described in part 2, and "Area B", being the Belcher Islands, associated islands and adjacent marine areas in Hudson Bay, described in Part 3.
> ヌナブト居住地域
> 3.1.1（イヌイットの）ヌナブト居住地域は、第2部で述べられている北極の島の一部、北極東部本土、隣接する海洋の「A地域」と、第3部で述べ

第3章　イヌイットの歴史 (2)

られているベルチャー島、隣接の島とハドソン湾の海洋の「B 地域」からなる。（筆者訳）

具体的には、伝統的にイヌイットが使用していた約 260 万平方キロメートルの土地のうち、約 352,000 平方キロメートルの土地の所有権がイヌイットに与えられることになった ［Purich 1992: 130］。352,000 平方キロメートルのうちの 36,257 平方キロメートルは鉱物資源の出る土地で、そこでのイヌイットの鉱物採掘権が保証されている。イヌイットの所有する土地の 75％はコミュニティに分配され、イヌイットの組織によって管理されている ［ibid.: 131］。イヌイットが所有権を持つ土地以外は、準州の場合はイギリス国王の所有であり、クラウン・ランド（Crown Lands）と呼ばれている。先住民の土地が国王に委ねられた場合、国王はその土地を先住民の最善の利益のために用いるという忠実義務（fiduciary duty）を負う ［松井 2012: 299］。同条約は、さらにイヌイットの資源使用に関する決定への参加権、イヌイットの狩猟、漁撈権、経済的な補償、イヌイットの自律と社会的、文化的な幸福の促進が目的であることが述べられている。

また、ヌナブト協定の第 4 条には、次のように述べられている。

ARTICLE 4
NUNAVUT POLITICAL DEVELOPMENT
PART 1: GENERAL

4.1.1 The government of Canada will recommend to Parliament as a government measure, legislation to establish, within a defined time period, a new Nunavut Territory, with its own legislative Assembly and public government, separate from the Government of the remainder of the Northwest Territories.

カナダ政府は政府の政策として、一定の期間内に新しいヌナブト準州を設立するための法律制定を国会に推薦し、提案する。新しいヌナブト準州は、残る北西準州とは別に、準州議会と公的政府を持つ。（筆者訳）

ここに、はっきりと新ヌナブト準州が準州議会をもつ公的政府であると述べられている。さらに、続けて次のように述べられている。

4.1.2 Therefore, Canada and Territorial Government and Tungavik Federation of Nunavut shall negotiate a political accord to deal with the establishment of Nunavut.

それゆえカナダ政府、(北西) 準州政府と (ヌナブトのイヌイットの組織である) ヌナブト・トゥンガビック連合は、ヌナブト設立に必要な政治協定を協議し、取り決めることとする。(筆者訳)

ヌナブト協定第4条に従い、1999年4月にヌナブト準州は成立の運びとなった。また、連邦政府からイヌイットに補償金が支払われることと、その額が第29条に書かれている。

CAPITAL TRANSFER

PART 1: PAYMENT OF CAPITAL TRANSFER

29.1.1 Inuit acknowledge that they have received the capital transfer payments as listed in Schedule 29-1.

29.1.2 The Government of Canada shall make additional capital transfer payments to the Nunavut Trust as listed in Schedule 29-2.

資金譲渡

第1部:資金譲渡の支払い

29.1.1 イヌイットはスケジュール29-1に挙げられているとおり、補償の支払いを受け取ってきたことを認める。

29.1.2 カナダ政府はスケジュール29-2に挙げられているとおり、ヌナブト・トラストへ追加の資金譲渡の支払いを行う。(筆者訳)

29.1.2のヌナブト・トラスト (The Nunavut Trust) は、31.1.1で連邦政府からイヌイットへの補償金を受け取り、管理するイヌイットの組織であると述べられている。資金の額は以下のとおりである。

・1990年から1991年にかけての事前補償額は合計500万ドル (ヌナブト協定29.1)

・協定の締結から14年目の締結記念日まで毎年支払われ、合計1,173,430,953

ドル（ヌナブト協定 29.2）

　ヌナブト協定締結により、ヌナブト準州政府は同協定の取り決めの原則に従って運営されることとなった。同協定には教育、健康、福祉は盛り込まれていないが、それらはヌナブト準州政府の管轄下にあると考えられた。同協定のもとに設立されたヌナブト野生動物管理委員会などには、連邦政府の役人と同列にイヌイットを含む準州政府からの代表が発言権を持つし、ヌナブト準州委員会は選挙で選ばれるのでイヌイットの議員が多く、準州内での決定権を持つ。しかしながら、イヌイットの土地の所有や捕獲権は限定的となった。

　ヌナブト協定では、イヌイットの土地と資源の所有と使用の権利、野生動物狩猟の権利、雇用と経済的な補償、補償金の支払いは盛り込まれているが、協定に盛り込まれていない多くの権利を放棄したことになった。

(2) ヌナブト準州とイヌイット

　ヌナブトは準州なので、連邦政府が行政権を持ち、イヌイットの自治政府ではないが、イヌイットの人口が多いので、選挙で決められるポストにはイヌイットが就いている。連邦政府から任命された司政官（commissioner）はネリー・カサガク（Nellie Kusugak）であるが、準州の首相はヌナブト準州議会（Nunavut Legislative Assembly）で選ばれたイヌイットのピーター・タプトゥナ（Peter Taptuna）である。イカルイトの市長もイヌイットの女性である。

　準州議会は準州都イカルイトにあり、各地域から選ばれた議員が年に数回議会のために集う。筆者のイカルイト滞在中にちょうど議会が開催されていたが、ヌナブト準州の各地から飛行機などでイカルイトに集合していた。現地でのインタビューによる聞き取りでは、議員のほとんどがイヌイットであるとのことであった。

　準州議会は立法機関であり、準州の法律の制定、改正は準州議会で討議され、決定される。公用語法の改正だけは北西準州から引き継いでいる体制で、連邦議会の承認が必要である。行政機関のヌナブト準州の各省は、管理職に白人が多いが、各省の立案が準州議会で通らないことも起こる。後述するが、教育省で立案した教育法改正案がイヌイットの多い準州議会で反対され、審議延長となっている。イカルイトには、連邦政府機関、準州政府機関、準州議会、連邦

図3-1　ヌナブト準州議会の建物
(2016年9月、イカルイトにて筆者撮影)

政府の任命による司法機関がある。

　図3-1のヌナブト準州議会の建物はイカルイトの中心地にあり、建物の前には石の彫刻がある。議会には政党がなく、イヌイットが長年長老を中心にものごとを決めてきたやり方、合議で決定がなされる。議会の前にはキリスト教の祈りが捧げられ、きわめてイヌイット色が強い。裁判所はイカルイトにあり、必要に応じて準州内におもむくが、裁判官は連邦政府によって任命される。準州政府のもとには各省(department)があり、職員の半数弱はイヌイットの職員で、イヌイットにとっていちばん大きな働き口となっている。しかしながら、イヌイットの職員の多くは学歴が低いため、管理的な仕事に就いているイヌイットは少ない。

　また、ヌナブト協定の推進役だったヌナブト・トゥンガビック連合は、同協定の締結後ヌナブト・トゥンガヴィック・インコポレイティド(Nunavut Tunngavik Incorporated)と名前を変え、イカルイトに存在する。ヌナブトでは、連邦政府、準州政府、ヌナブト・トゥンガヴィック・インコポレイティドの間で、権利の委譲について協議が行われている。北西準州が2014年に連邦政府から

第3章　イヌイットの歴史 (2)

かなり権利を委譲されたので、ヌナブトも連邦政府と権利の委譲に関する協議を進めている。ヌナブト・トゥンガヴィック・インコポレイティドの職員はほとんどイヌイットで、優秀な人材も多く、管理的な仕事にも就いている。筆者がインタビューしたうちの1人の男性は、南部のアルバータ大学卒業のイヌイットであった。ヌナブト準州、とくにイカルイトでは、指導的な立場のイヌイットもいて、少しずつ、イヌイットの声が反映されるようになってきている。

4. ヌナブト準州のイヌイットと仕事

次に、ヌナブト準州の実情をデータにもとづいて述べる。2011年の国勢調査によれば、ヌナブト準州の総人口は31,695人であり、そのうちイヌイットは27,070人で約85％を占める。ヌナブト準州のイヌイットのみを分析したカナダ政府の資料はないので、以下ヌナブト準州全体の資料［Statistics Canada 2011］から考察する。

ヌナブト準州の持家状況であるが、対象となる8,665家族のうち家を所有しているのは1,815家族、借りているのは6,845家族で、圧倒的に借家住まいが多い。イヌイットの1家族の人数は約5人で、カナダ平均よりかなり多く、1人あたりの女性の産む子供の数も平均3人と多い。定住化により衛生状態がよくなり、イヌイットの人口増加率はカナダ平均に比べてかなり高い。

2011年の国勢調査［ibid.］によると、ヌナブト準州の15歳以上の職業人口13,485人のうち、雇用されている者は11,070人で雇用率は82％、雇用されていない者は2,415人で非雇用率は18％である。準州設立当時の非雇用率が30％近くであったので、かなり改善されてきているが、カナダ全体の非雇用率6％と比較すると、かなり高い非雇用率である［ibid.］。

資源を利用した鉱業などの仕事に就いているのは、南部からの労働者がほとんどである。イヌイットによる資源開発が進めば雇用が増える可能性はあるので、連邦政府からの資源管理権などの委譲の交渉が鍵となる。男性は、準州政府機関、イヌイット協会などに勤め、定収入が得られる場合以外は、季節的に建設などの仕事に就くか、滑石彫刻の仕事をして、一部政府からの手当に頼っている場合が多い。女性は、準州政府、イヌイット協会、教育関係の仕事に就

いている場合が多い。

5. イヌイット社会の性役割と結婚

　現代のイヌイット社会の基本的単位は夫婦をもとにした核家族であり、ときには夫または妻の両親、未婚の兄弟と同居する大家族の場合がある。イヌイット社会は前述したように、狩猟、移動なども機械化され、その維持に費用がかかるため、女性の現金収入に頼る傾向が強くなり、従来の性役割は大きく変わってきている。かつては、男性は狩猟、漁撈に、女性はその準備、獲物の解体と分配、衣服の製作、食事の準備、育児などに携わっていた［Billson and Mancini 2007］。従来の親の決めた相手との結婚ではなく、最近は自由に相手を選ぶ場合も多い。現在はキリスト教の儀式による正式の結婚が多いが、それでも伝統的なコモン・ローの結婚（日本の同棲に近い）も3分の1を占める。

6. 現在のイヌイットの宗教

　宣教師たちの熱心な布教で、1930年代にはほとんどのイヌイットがキリスト教徒となった。改宗の理由は、キリスト教の説く博愛主義、平和主義、相互扶助の精神が、イヌイットの価値観に近かったことなどが考えられる。また、従来のシャーマンによる病気の治療に比して、宣教師の行う西洋的な治療のほうが優れていると身をもって体験したことも一因であった［岸上 2005: 111］。キリスト教に改宗する以前のイヌイット社会では、信仰は精霊信仰、シャーマニズムであった。各共同体には1人以上のシャーマンがいて、助言者兼治療者の役割を果たしていたが、現在はほとんどがキリスト教徒である。

　また、宣教師はイヌイットを理解しようとした。イヌイット語を学ぶ宣教師も多く、親身にイヌイット社会に入り込んだ影響もあり、キリスト教に改宗するイヌイットが増えた。現在のヌナブト準州のキリスト教徒は、表3-1で明らかなように、英国国教会の信者がいちばん多いが、カトリックの信者もけっこういる。準州都イカルイトには、英国国教会、カトリック教の教会があったが、やはり英国国教会系の教会のほうが大規模であった。

第 3 章　イヌイットの歴史 (2)

図 3-2　イカルイトの英国国教会系の教会
(2016 年 9 月、イカルイトにて筆者撮影)

表 3-1　ヌナブト準州の人々のおもな宗教
(Statistics Canada 2011 より作成)

総人口（人）	31,695
キリスト教徒	27,255
英国国教会	15,940
カトリック	7,585
先住民の伝統信仰	135

　ほとんどのイヌイットは、日曜日には教会へ行き、日常も祈りを捧げる敬虔なクリスチャンである。筆者はイカルイトで、日曜日に英国国教会系の礼拝に出かけたが、多くの信者が説教を聞き、祈る様子が見受けられた。1 人の青年がなかなか信仰を理解できないと告白すると、牧師と古い教会員が熱心に説く姿が見られた。教会では、白人もイヌイットも関係なく、祈り、助け合っているという印象を受けた。また、日曜日にはテレビでも礼拝が行われていた。事情があって教会へ行けなかったクリスチャンは、テレビで説教を聞き、祈るとのことであった。このように、イヌイット社会にはキリスト教が入り込んでおり、かつての伝統的なシャーマニズムの信者は、表 3-1 に示すように、135 名と数が少ない。

　一般のイヌイットの家庭では、朝起きたとき、食事の前、夜寝る前に感謝の

59

図 3-3　イカルイトの老人ホーム
（2016 年 9 月、イカルイトにて筆者撮影）

祈りを捧げる［岸上 2005: 113］。苦悩の多い現代のイヌイットにとって、キリスト教は大きな心の支えになっている。

7. ヌナブト準州の老人ホーム

　伝統的なイヌイット文化では、老人はイヌイット文化の担い手として尊敬され、子供や孫といっしょに暮らし、サポートされていた。だが最近は女性も外で働くことが多くなり、年寄りの世話ができなくなり、老人ホームで老後を過ごすケースが増えてきた。

　筆者が調査を行ったイカルイトのダウンタウンの海辺に面した場所に、アパート形式の立派な老人ホームがあった。木造の比較的広い 2DK の居室で、快適に暮らしている様子であった。

8. イヌイット社会の負の部分

(1) 喫煙

筆者がオタワから飛行機でイカルイトに着き、約1か月滞在したなかでまず驚いたのは、ほとんどのイヌイットがタバコを喫っていたこと、そして一部のイヌイットが街角やイカルイト唯一の大型スーパー・マーケットの前で、タバコをかかさず喫いながらたむろしている様子であった。イヌイットの喫煙率は高く、図3-4のグラフのとおりである。

ヌナブト準州では15歳以上の喫煙率は63％であり、カナダ全体の喫煙率16％［Wallace 2014: 10］と比較してもかなり高く、男女を問わず喫煙している。毛皮貿易時代に噛みタバコがイヌイット社会に入り、その後に紙巻タバコが入ってきた。ストレス解消のために、イヌイットは食事のようにタバコを喫い続けている［Pauktuutit 2006］。図3-4で明らかなように、地域を問わず、イヌイットは喫煙している。最近では喫煙の年齢が早まっているとの現地の声であった。

長老たちは、タバコは高価なうえ身体によくないので、やめるように諫言している。だがいっこうに変わらず、喫煙率は2001年とほぼ同じである［Wallace 2014: 11］。

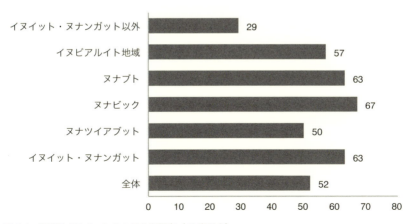

図3-4 地域別イヌイットの1日の喫煙率（15歳以上）
［Aboriginal Peoples Survey 2012］

(2) アルコール依存と暴力

　イヌイットが定住し始めた 1960 年代ごろに、南部から来ている白人を通して、ビールやウイスキーを容易に入手できるようになった。そしてアルコールによる暴力沙汰を起こしたり、アルコールに溺れる者が出てきた［岸上 2005: 125］。現在はとくに妻に対する暴力が多いが、妻が定職に就き、現金を稼ぎ、家計が妻に依存している場合に、不満が暴力となる［ibid.: 129］。

　もともとイヌイットにはアルコールを飲む習慣がなかったので、飲み方を知らなかった面もあるが、最近では飲酒の問題は以前に比べると低減してきている［ibid.: 127］。ヌナブト準州では、バーやレストランでの飲酒は許可されているが、一般の店でのアルコール販売は許可しないようにしているので、アルコール依存症は他の地域に比べて多くない。だが、筆者が現地で聞いた話では、イカルイトなどでは、飛行機で南部へ行ったさいにアルコール類を持ち帰るケースも多く、実際には個人でもかなりアルコール類は飲まれているようである。また、飲酒は暴力のみならず、女性へのレイプも引き起こしている［ibid.: 130］。

(3) 麻薬

　マリファナ、コカインなどの麻薬が、南部の業者からイヌイットの麻薬ディーラーを通じてかなりイヌイット社会に入り込んでいる。とくに若者に麻薬常用者がけっこういて、退学の一因になっている。学校や地域で麻薬撲滅をめざして努力しているが、困難な状況である。筆者がイカルイトの高校を訪ねたさいに、受付に麻薬撲滅を訴える雑誌、*SOS Magazine* が置いてあった。漫画入りで、麻薬の恐さを訴える内容であった。麻薬に関しては第 11 章でも述べる。

(4) 高い自殺率

　現代のイヌイット社会の自殺率の高さは、深刻な問題である。1999 ～ 2013 年の 14 年間のイヌイット居住地域ヌナンガットの自殺者は 745 人で、自殺率はカナダ平均の 25 倍という高さである［ITK 2016a: 9］。自殺者の多くは、15 歳から 29 歳のイヌイットの男性である［ITK 2016a: 10］。自殺率は、定住化の後、居住地（settlement）で育った若者の間で 1970 年代に高くなった［ITK 2016a: 14］。

　理由にはいろいろな要因が絡んでいるが、貧困、不平等な社会、過去の経験

からくるトラウマなどが考えられる。現代のイヌイット社会では、若者は定職に就くことが難しいうえ、狩猟、漁撈活動に従事することも少なく、親や親戚に依存している場合も多い。満足感や充実感が得られないまま、カナダ社会とイヌイット社会の間で揺れ動きながら生きているが、こうしたことが、若者の自殺の背景にあると考えられる［岸上 2005: 133］。イヌイット社会の経済状況の改善により自殺者を減らすことが必要であるが、イヌイットの組織、イヌイット・タピリート・カナタミは、自殺者を減らすためのプランを立てている。

　　Inuit Tapiriit Kanatami's top priority, as we identified in our 2016-2019, Strategy and Action Plan, is to take action to prevent suicide among Inuit.
　　イヌイット・タピリート・カナタミの最重要課題は、2016 〜 2019 年度の方策と行動プランで確認したように、イヌイットの自殺を防ぐために行動を起こすことである。［ITK 2016a: 39］（筆者訳）

　イヌイット社会は、ヨーロッパ人との接触以来彼らの伝統文化に西欧の文化、言語、経済などが入り、変化を余儀なくされた。とくに、イヌイットの文化や言語の価値が認められず、ストレスが多く、上に述べたような負の部分が現在のイヌイット社会にも根強く残っている。

第4章
カナダの多文化主義と問題点

1. 多文化主義宣言と多文化主義法

　カナダは移民や先住民など少数派も多く、多文化主義（multiculturalism）を国家統合の政策として採用してきた。カナダでは最初の移民はフランス系であったが、18世紀にイギリスとの戦争に敗れ、イギリス系が主流となる。その後、英仏系以外の白人が到来し、1960年代の移民法改正でアジア系、南米系、アフリカ系などの移民が到来し、カナダ社会はますます多様となった。

　カナダは英仏語を国の公用語と定め、2言語2文化主義をとっていたが、1971年に当時のトルドー首相は、2言語・2文化政府調停委員会の勧告を受け入れて、2言語主義の枠内における多文化主義政策の声明を行い、「カナダの文化発展に対するほかの民族集団の貢献とその貢献を保証するためにとるべき措置」であると述べた［日本カナダ学会 1997: 257］。1960年にフランス系の多いケベック州で自由党政権が誕生し、近代化に向けての諸改革（静かなる革命など）がなされたことに恐れを抱いた連邦政府が、カナダの建国のイギリス系とフランス系の関係を正常化するために1963年に2言語・2文化政府調停委員会を任命した。この時期は、一方では英仏以外の民族がカナダ社会での貢献を訴え、ウクライナ系、ドイツ系を中心に多文化主義運動が盛り上がっていた。同委員会は、1969年に当初の枠を越える「英仏以外のほかの民族集団の文化的貢献」という内容を盛り込んだ報告書を政府に提出した［ibid.: 256］。この報告書に従い、トルドー首相は多文化主義宣言を行った。

　初期の多文化主義は英仏以外のヨーロッパ系の移民を念頭においたものであ

り、おもに各民族集団の文化に対する経済支援という色彩が濃かった。また、個人の文化選択の自由を尊重した自由主義的な多文化主義といえる。しかしながら、1962〜1967年にかけての移民法改正で人種差別的な規制がほぼ撤廃され、ヴィジブル・マイノリティ（visible minority）といわれる有色人種の移民が半数以上を占めるようになり［長谷川 2002: 168］、多文化主義の意味合いも変化せざるをえなかった。カナダ入国後の有色人種の移民に対する人種的、社会的な偏見を取り除くために、人種的差別撤廃、社会的不平等の是正という意味合いが強くなってくる［日本カナダ学会 1997: 256］。さらに、1970年代から盛んになった先住民運動も視野に入れ、さまざまな出自の移民、先住民を含むすべてのカナダ人の平等達成と多文化的遺産の維持、向上を謳った「多文化主義法」(Canadian Multiculturalism Act) が1988年に制定された。

　多文化主義法の前文（preamble）には、先住民権について次のように書かれている。

　　　An Act for the preservation and enhancement of multiculturalism ... WHEREAS the Constitution of Canada recognizes rights of the aboriginal peoples of Canada.
　　　多文化主義の維持と強化のための法律……カナダ憲法は、カナダの先住民の権利を認めている。（筆者訳）

ここで先住民権が改めて確認されている。前文の最後に、多文化主義の維持と促進に関して次のように述べられている。

　　　AND WHEREAS the Government of Canada recognizes the diversity of Canadians as regards race, national or ethnic origin, colour and religion as a fundamental characteristic of Canadian society and is committed to a policy of multiculturalism designed to preserve and enhance the multicultural heritage of Canadians while working to achieve the equality of all Canadians in the economic, social, cultural and political life of Canada;
　　　そして、カナダ政府は、人種、民族的出自、皮膚の色そして宗教に関するカナダ人の多様性をカナダ社会の基本的な特徴とみなし、カナダの経済

的、社会的、文化的そして政治的生活領域におけるすべてのカナダ人の平等達成に努力するとともに、カナダ人の多文化的な遺産を維持し、向上させるための多文化主義政策を推進することを約束する。
（日本語訳：『史料が語るカナダ』［ibid.: 258］）

ここに、カナダ人の多様性をカナダの特徴と位置づけ、すべてのカナダ人のさまざまな領域における平等の達成と多文化主義の推進が約束されている。続いて、同法の第3条に多文化主義政策が述べられている。一部のみ引用する。

> 3 (1) It is hereby declared to be the policy of the Government of Canada to
> (a) recognize and promote the understanding that multiculturalism reflects the cultural and racial diversity of Canadian society and acknowledges the freedom of all members of Canadian society to preserve, enhance and share their cultural heritage;
> 第3条（1）カナダ政府の政策として、その目的を以下に宣言する。
> (a) 多文化主義が、カナダ社会の文化的および人種的多様性の現実を反映するものであり、カナダ社会のすべての成員の文化的遺産を維持し発展させ分かち合う自由を承認するものであることを深く認識し、その理解を促進すること。
> （日本語訳：『史料が語るカナダ』［ibid.: 258］）

ここに、多文化主義がカナダ社会の文化的、人種的多様性を反映するものであり、カナダ社会のすべての成員の文化遺産を維持、促進することが述べられている。さらに、次のように述べられている。

> 3 (1) (b) recognize and promote the understanding that multiculturalism is a fundamental characteristic of the Canadian heritage and identity and that it provides an invaluable resource in the shaping of Canada's future.
> 第3条（1）（b）多文化主義が、カナダ人の伝統的遺産とアイデンティティの基本的特徴であり、カナダの将来を形成する際の貴重な資源となりう

ることを認め、その理解を促進すること。
（日本語訳：『史料が語るカナダ』［ibid.: 258］）

　多文化主義がカナダの伝統遺産とアイデンティティの基本的特徴であり、カナダの将来を形成するさいの資源となりうることを認めている。ここに「多様性はカナダの将来の『資源』である」と述べ、積極的に評価している。言語に関しては、次のように述べられている。

> 3 (1) It is hereby declared to be the policy of the Government of Canada to
> (i) preserve and enhance the use of languages other than English and French, while strengthening the status and use of the official languages of Canada; and
> (j) advance multiculturalism throughout Canada in harmony with the national commitment to the official languages of Canada.
> 第3条（1）カナダ政府の政策として、その目的を以下に宣言する。
> (i) カナダの公用語の地位を高めそれらの使用を促進する一方、英語およびフランス語以外の言語の使用を維持し強化すること。(j) カナダの公用語に対する国をあげての努力と献身に調和する方向で多文化主義をカナダ全土に推進すること。
> （日本語訳：『史料が語るカナダ』［ibid.: 258-259］）

　ここには、カナダの英仏2公用語の使用の促進と、2公用語と調和するかたちでの多文化主義の推進、英仏2公用語以外の言語の維持、強化が述べられている。だが、あくまでも公用語の使用促進が第一である。雇用に関しては、政府機関での機会の平等が述べられている。

> 3 (2) It is further declared to be the policy of the Government of Canada that all federal institutions shall
> (a) ensure that Canadians of all origins have an equal opportunity to obtain equal employment and advancement in those institutions;
> 第3条（2）カナダ政府の政策としてすべての連邦諸機関がとるべき措置

を以下に宣言する。
(a) 出自を問わずすべてのカナダ人が連邦諸機関において雇用と昇進を得る平等の機会をもてるよう保証すること。
(日本語訳:『史料が語るカナダ』[ibid.: 259])

出自にかかわらず、政府機関での雇用は平等であることが述べられている。多文化主義法で、英仏以外の言語の保持、強化が述べられている意味は大きいが、2公用語とほかの言語の地位は当然異なる。イヌイット語の場合における公用語との立場の違いは第7章で述べる。

カナダ社会の多様性を将来の資源と捉え、効力は強くないが、世界で初めて多文化主義を法制化したことは意義深い。

2. 多文化主義に影響を与えてきた著作

多文化主義法では、「人種的多様性をカナダの基本的特徴と認め、すべてのカナダ人の平等達成に努力し、その文化的遺産を維持、発展させる」とあるが、多文化主義に潜む問題点を、政策に影響を与えてきた2人の学者の著作から考察する。

(1) チャールズ・テイラーと多文化主義

チャールズ・テイラー (Charles Taylor) は1931年モントリオール生まれのカナダ人の学者である。父親がイギリス系、母親がフランス系のバイリンガルな家庭に育ち、英語系、フランス系の親族がまわりにいて、幼いころより異なるものの見方、英仏両方の側からの承認の要求を目の当たりにして育った。マギル大学 (McGill University) で歴史学を修めた後、1961年にマルクス主義と実存主義に関する論文で、イギリスのオックスフォード大学で博士号を取得した。オックスフォード大学で政治社会理論を教えた後、帰国後はマギル大学やモントリオール大学で教鞭をとり、引退後はマギル大学名誉教授となった。

研究分野はヘーゲル哲学、現代政治思想、多文化主義、コミュニタリアニズムにいたるまで広範囲である。テイラーは政治的な参加にも関心を示し、1960

年代から4回新民主党からカナダ連邦議会議員の選挙に立候補したが、当選を果たせなかった［ブシャール、テイラー 2011: 27］。連邦政府は多文化主義にもとづいた政策決定などで、テイラーの思想を参考にしてきた。

a)「承認をめぐる政治」

「承認をめぐる政治」（*The Politics of Recognition*）［テイラー 2007］はガットマン（Amy Gutmann）ら5人の学者の共編著による『マルチカルチュラリズム』（*Multiculturalism*、Princeton University Press, 1994、邦訳は佐々木毅ほか、岩波書店、1996）所収のテイラーの論文である。承認（recognition）の要求は「多文化主義」の政治において、少数派を擁護するために登場する。承認とアイデンティティの間には密接な関連があり、アイデンティティは一部には、他人による承認、不承認、歪められた承認によってかたちづくられる。不承認や歪められた承認は、抑圧の一形態となる。歪められた承認は自己嫌悪を被害者に押しつけ、深刻な傷を負わせる。

イヌイットに彼の理論を当てはめて考察してみる――イヌイットの植民地支配において、歪められた承認は、イヌイットを非文明的な存在とする。そして、歪められた承認により傷ついたイヌイット社会には、歴史的トラウマが残っている。

アイデンティティと承認を結ぶ人間の特徴は、対話的（dialogical）であるということである。我々は言語を身につけることによって十全な人間主体となり、自らを理解し、自らのアイデンティティを定義づけることができる。アイデンティティの形成と維持は、ときには他者と公然とした対話を通じて、ときには内面の対話をとおしてかたちづくられ、保たれる。アイデンティティの平等な承認は、健全な民主主義社会にふさわしい承認の形態である。

また、近代的なアイデンティティの観念の発展は、差異をめぐる政治を生み出した。差異をめぐる政治の基礎は潜在能力であり、個人として、また一つの文化として、アイデンティティを形成する潜在能力があり、尊重されねばならない。ほかから区別される、個人や集団の独自のアイデンティティの承認が重要になってくる。この区別が無視され、支配者のアイデンティティに同化されるのが同化政策である――イヌイットも、この同化政策に苦しんできた。イヌイットにとって承認されるということは、彼ら固有の文化や生き方が尊ばれ、

承認され、イヌイット以外の人々にとっても価値あるものとして評価されなければならない。

　最後にテイラーは、一方における価値の平等性の承認の要求と他方における自民族中心的な基準の内部への自閉との間に中道が存在するはずなので、異なる諸文化の存在を認め、開かれた態度をとること、共生することが必要であると述べている。テイラーは、西欧的な自由主義には優越性が潜んでおり、たとえば先住民の文化や生き方を承認しなかったり、歪めた承認を行う危険性を孕んでいることを指摘している。イヌイットの社会変化などの問題を考えるさいに、このテイラーの分析は大いに役立つ。対話の可能性を重視し、個人としても集団としても十全な自己実現を行うには、対話によってお互いに承認することが大切であることを説いている。

b）「多文化主義・承認・ヘーゲル」

　「多文化主義・承認・ヘーゲル」［テイラー1996］は、1994年12月21日に東京外国語大学・コーネル大学ワークショップへの出席のためにテイラーが来日したさいのインタビューを、当日立ち会った岩崎稔と辻内鏡人がまとめ、編集し、『思想』865号（1996）に掲載したものである。まず、テイラーは自らを相対主義者ではなく、多様性を重視する立場をとると明言している。相対主義は、「正しいことないし真であることということは、相対的で、決定できない」という立場であるが、テイラーは、正しい文化と邪悪な文化との最終判断は可能であるという立場に立っている。そのうえで、ほかの人々の存在を理解し、享受し、肯定し、感謝し、それを受け入れる道徳的で、開かれた態度をとることが大切であると述べている。

　人間は、他者からアイデンティティを承認されるときにだけ、善く生きていくことができる。今日、アイデンティティと承認は相互に関連し合うが、承認を得られない人々は「承認などいらない。おまえたちといっしょにやっていくつもりなどない」と分離独立運動に走る場合があるが、これは不信のうえに成り立つ自己充足的な考えで失敗する。対話の可能性を遮断し、破滅的な結果となる。これに対し、相互承認は最終的な均衡状態であり、安定した状況である。固有の生き方、文化が尊ばれ、それがほかの社会に生きる人々にとっても価値あるものとして評価されることが大切である。これこそが、真に安定した承認

であり、めざすところである。人間のアイデンティティは複合的であるが、民族主義はこの複合的な部分を無視し、多くの諸要素を捨てるので、問題である。集団的アイデンティティは、複合的アイデンティティの一部としての共通意識から生まれる。十全な自己実現は対話的で、他者との相互承認によってのみ達成できる。

このインタビューにもとづいた対談も「承認をめぐる政治」とほぼ同じ内容で、承認されないグループの分離独立運動は間違いであると明言している。

(2) ウィル・キムリッカと多文化主義

ウィル・キムリッカ (Will Kymlicka) はカナダ・オンタリオ州のクイーンズ大学で学んだ後、1987年にイギリスのオックスフォード大学で哲学の博士号をとった後、いくつかのカナダの大学で教え、現在は母校クイーンズ大学 (Queen's University) で教えている政治哲学者である。彼の理論は、マイノリティの集団別権利を自由主義の立場から擁護しようとするものである。彼の代表的な著作、『多文化時代の市民権』(*Multicultural Citizenship*) [Kymlicka 1995] と『土着語の政治』(*Politics in the Vernacular*) [Kymlicka 2001] を通して、彼の思想を考察する。

a)『多文化時代の市民権』

『多文化時代の市民権』は1995年にオックスフォード大学出版局より出版され、スペイン語、イタリア語をはじめとして数か国語に翻訳されている。日本でも1998年に、角田猛之らの訳で晃洋書房より訳書が出版されている。

西欧の民主主義国家は最近まで、民族文化をめぐる対立はいずれ消滅するだろうという希望的観測を抱いていた。しかし、民族文化多様性は、民主主義国家にとって消えることのない、真剣に取り組まなければならない重大で永続的な課題を提供した。民族文化をめぐるアイデンティティの重要さを否定、もしくは誹謗してきたことは、西欧民主主義国家がくり返してきた過ちなのである [キムリッカ 1998: ii, iv]。彼の理論が注目を集めている背景には、ナショナリズムの復活、移民問題、先住民問題などがあり、差異の政治の要求に対して、理論的に正当性を認めようとするところである。

キムリッカはさまざまな民族集団を「民族 (ネイション)」と「エスニック集団 (移民)」に大別し、前者は民族固有の社会構成文化を持ち、集団的権利と

して自治権を、後者はエスニック文化権を主張するとした。それぞれまったく異なった性格を持つものとして捉えたことは、彼の理論の大きな特徴である。また、彼はマイノリティ集団のうち、固有の社会構成文化を有する者を「民族」、有しない者を「エスニック集団」と捉えている。「民族」の場合は、固有の社会構成文化の存続を保障すべきであり、一方「エスニック集団」の場合は、ホスト社会の社会構成文化に統合され、より豊かにする存在として位置づけている。彼の理論では、社会構成文化は個人の自由にとって不可欠であるという意味で自由主義であるといえる。彼の自由主義理論は、個人の自律、自由を基盤とした平等の保障、社会構成文化の不可欠性が結びついたものである。市民論に関しても、民族の場合は、個人が民族への帰属を通じて国家に統合されるが、エスニック集団は自らの集団への帰属を通して国家に統合され、「差異のある市民権（differentiated citizenship）」があると主張している。

　「多文化時代の市民権」において、マイノリティを「民族」と「エスニック集団」に区別したこと、社会構成文化の保障と個人の自由の確保を中核においたこと、マイノリィティの権利について考察したことなどで、キムリッカの理論は重要である。しかし、さまざまな問題点も考えられる。「エスニック集団」は、文化権を主張するが、統合は拒否しないという主張［ibid.: 279］は楽観的すぎるのではないか。先住民族などの文化はホスト社会と別であると捉えているところも問題である。本書では、イヌイットの文化には西欧文化にはないよいところがたくさんあり、それらに通じることは西欧社会にとってもプラスであることを述べるが、キムリッカはその点をまったく無視している姿勢がうかがえる。

b)『土着語の政治』

　『土着語の政治』は 2001 年に刊行された論文集であり、次の 4 部からなる。

i) マイノリティの権利に関する論争の展開　　民族文化的マイノリティの権利に関する論争の展開が述べられ、現在はリベラルな制度内でいかにして民族多様性を公正に受容すべきかが重要である。リベラルな国家は、個人の諸権利の擁護のみならず、集団別の権利や政策も採用しなければならない。リベラルな文化主義は、マイノリティの文化やアイデンティティには利益があり、自由や平等というリベラリズム原理と両立しうると考える。また、国家はネイション形成の過程で、共通語を普及させるが、マジョリティ文化の特権化を避けら

れない。マイノリティの文化は選択を迫られる。統合を受け入れるか、自治の権利を求めるか、恒久的な周縁化を受け入れるかのいずれかである。

ii）民族文化的正義　　民族文化的集団間の正義の確保には、個人の人権の保護のみならず、マイノリティの権利で補完しなければならない。国際法では、先住民には特別な権利が必要であることを認めている。マイノリティの権利を盛り込んだ近年の国際法では、初等教育での母語教育に公的資金を提供することは、人権の一部とみなされる。だが現実には、職業に就くさいにマジョリティの言語が必要であれば、マイノリティの初期母語教育は不利になる。それゆえ、マイノリティの言語を出世する機会が与えられる言語とし、地域、職場、家庭の言語とする必要があるであろう。

　カナダ北部では、マジョリティが一方的にマイノリティの制度などを堀り崩し、政治的な従属関係が生じ、そのような植民地化の影響がいまだ続いている。先住民は、国家の形成から切り離されており、歴史上主権を行使していたが、不当にも奪われたので、自決権は本来の主権を回復するものにすぎないという見解がある。先住民は前近代的な生活様式に根差した独自の文化を持っているが、マジョリティの文化との差異が大きいので、保護する必要がある。また、移民に関しては、西洋諸国は近年、より多文化主義的な移民統合モデルへと移行している。

iii）ナショナリズムに対する誤解　　リベラルは、反ナショナリズム的なコスモポリタニズムから、リベラルなナショナリズムへと移行しつつある。リベラルは国家ナショナリズムにもマイノリティ・ナショナリズムにも対応できる。リベラルな文化主義は、マイノリティの文化やアイデンティティには利益があり、自由や平等というリベラリズム原理と両立しうると考える。多言語国家においては、政治共同体の境界線を決定するさいに言語がますます重要な要素になり、民主政治は「土着語による政治」となる。

　三つのレベルの政治共同体、国民国家、マイノリティ・ネイション、超国家的制度は、相互に補完し合うことが多い。国民国家を超える超国家的制度の構築は、国内の仕事により集中できるようになり、国民国家の正当性が回復できる。マイノリティの自治政府は、国家の長期的な前提条件と理解されねばならない。また、ナショナリズム闘争は多くの場合、ナショナル・マイノリティを

強制的に統合しようとしたことが原因であり、エスニシティによる排他性ではない。多文化統合が成功するための政策は、今までマジョリティが行ってきた政策に比べてもっと複雑である。

iv）複数エスニック国家における民主的シティズンシップ　今日の社会において、民主的シティズンシップを向上させるうえでもっとも重要なのは、リベラルな平等主義である。近代民主主義の健全さと安定性は、市民の資質や態度にも依拠している。国家が市民に求めるものは、強制力によってではなく、民間の協力と自制によってのみ得られる。大切なシティズンシップ精神の養成は、おもに学校教育で行われるべきである。礼儀の習慣や公共的理性を用いる能力の養成も含まれる。複数ネイション国家のシティズンシップ教育には、共通の言語と歴史に規定されたナショナル・アイデンティティを育むことと、国家内のさまざまなネイションを結びつけるトランス・ナショナルを育むことである。

　本書の中核をなしているのは、ネイション形成国家とマイノリティの権利の問題である。自由民主主義国家のネイション形成は、抑圧や不正をもたらしやすい。だがマイノリティの権利を認め、それにより補完された場合、ネイションは正当で重要なさまざまな機能を果たすことができる。西洋民主主義国家は自由、正義、民主主義といったリベラリズムの価値を尊重しつつ、民族文化的多様性に対処する術を学んできた。自由民主主義国家の現実世界と、リベラリズム政治理論の世界は大きく隔たっている。理論と実践のギャップを埋める規範理論はなかったが、ネイション形成とマイノリティの権利に関しては成功をおさめてきた。マイノリティの権利を国際的に法典化し、監視する運動の広がりは、一部のマイノリティの権利が基本的権利の領域へと移っていると考えられる。個人の自律性を基盤として、ネイションの言語や文化が大切であるという認識のもとに、「土着語の政治」を擁護している。

3. 多文化主義に批判的な著作

　カナダと並んで、オーストラリアでも1970年代には白人中心の白豪主義を捨て、1978年にはフレーザー首相の率いる自由党により、多文化主義が採用された。多文化主義にもとづいて言語政策もなされ、LOTE（Language Other

Than English）政策で、初等教育から 9 言語（9 key languages）のうちのいくつかの言語が教えられている［岡戸 2002: 133］。しかしながら地域的にアジア人も多く、多文化主義の問題点も指摘されている。代表的な 2 人の学者の論文から、問題点を考察する。

(1) テッサ・モリス＝スズキ

テッサ・モリス＝スズキ（Tessa Morris-Suzuki）は 1951 年生まれで、イギリス西部のブリストル大学（University of Bristol）でロシアの歴史、政治を専攻し、学士号を取得した後、イギリスのバース大学（University of Bath）で日本の経済史を専攻し、博士号を取得した。日本での生活の後、1981 年にオーストラリアに移住する。スズキは日本人作家の夫の姓である。ニューイングランド大学を経て、オーストラリア国立大学日本史教授を歴任する。日本研究者であるが、日本に批判的な言動が多い。

a)「文化・多様性・デモクラシー」

上記の小考察は 1996 年に『思想』867 号に掲載されたが、「多文化主義」の公式政策の問題点を指摘している。多文化主義を「多様性に対する切り貼り的アプローチ」［モリス＝スズキ 1996: 53］と述べ、ある局面での少数者の伝統は奨励され、またある局面での少数者の伝統は無視、あるいは抑圧される点が問題であると述べている。過去の先住民の同化教育は、文化資源と集団的アイデンティティの残酷な不一致であるとし、同化の後、人種というアイデンティティ・マーカーにより、主流社会から拒絶されたと説明している。また、先住民が国家的承認を受けた後も、彼（女）らが自身の社会伝統を保持しつつ、近代競争経済で成功を求めるさいに遭遇する困難への配慮は、ほとんど皆無である点は、現在の多文化主義政策の重大な欠陥であると述べている。多文化主義的国家政策は不十分であり、文化資源を獲得し、養育し、表現するという人間の基本的人権は、サブ国家レベル、国民的レベル、国際的相互レベルという多層なレベルでの戦略が同時に稼働してはじめて保護される［ibid.: 53］と論じている。

上記テッサ・モリス＝スズキの論文は、国家政策としての多文化政策の問題点を指摘している点で重要である。多文化主義政策のなかで、とくに先住民の伝統や文化はなかなか承認されず、抑圧の対象となりがちであることを論じて

いる。

(2) ガッサン・ハージ

ガッサン・ハージ（Ghassan Hage）は 1957 年にベイルートに生まれたが、1976 年にレバノン内戦を逃れて、オーストラリアに移住した。1988 年にマッコーリー大学（Macquarie University）で博士号を取得、1994 年からシドニー大学（The University of Sydney）の人類学科で精神分析人類学（psychoanalytic anthropology）の専門家として教鞭をとっている。ほかに、パリの社会科学高等研究院やベイルートのアメリカ大学の客員研究員でもある［ハージ 2003: 352］。

a)『ホワイト・ネイション』

『ホワイト・ネイション』（White Nation）は 1998 年に、ガッサン・ハージによって書かれたが、オーストラリアの多文化主義をホワイト・カルチュラリズムと呼び、そこに潜む「白人の植民地パラノイア」の要因を分析している。パラノイア（paranoia）とは被害妄想であるが、ここでは具体的に、白人としての特権が喪失することへの妄想と恐怖をさす。ポスト植民地時代の西洋諸国において、裕福な人々はもはや白人だけに限定されなくなった。富裕層は人種的に多様化し、白人性は希望へのパスポートを失い、白人の優越性という幻想が揺らいできている。とくに、失業や没落の不安を抱く下層の白人は、排外的な国民主義の原動力となる。

オーストラリアでは、以前に国家統合のためにとられていた非本来的で異質な人々に対する同化政策では国家が統一できず、多文化主義を政策として導入した。しかしハージは、国民統合論理のなかに、本来的な国民（白人）と非本来的な国民（非白人）の区別があり、機能していることを指摘している。本来的国民の支配的白人文化は、そのまま疑問の余地なく存在しているが、非本来的な国民の文化は、支配的文化を豊かにするために存在している。先住民は、本来的国民の白人文化をかき乱さないように、離れたところで、ひっそり暮らすことにその価値があると考えられている。先住民の文化は、支配的文化を豊かにしないと考えられている。多文化主義は、所有者としての白人と、非所有物としての非白人の外部的な関係をうちたて、白人優位であるところに問題がある。

以上、カナダとオーストラリアで国家統合のためにとられてきた多文化主義に関する文献を紹介した。以前の同化政策よりは進展しているが、ハージが述べているように、移民などの文化は非本来的であり、あくまでも本来的な白人文化を豊かにするための存在であり、白人優位の思想がある点を見逃してはならない。さらに、先住民に関しては、その文化は本来的な白人文化を豊かにするものではないと考えられている。
　本書では、カナダのヌナブト準州におけるイヌイットの言語・教育問題を、多文化主義との関連で考察する。

第5章
ヌナブト準州成立以前のイヌイットの教育

1. 移動生活における集団での教育

　この時期は、イヌイットは集団のなかで子育て、教育を行っていたが、子供は両親、親族、周囲の大人などに可愛がられ、大切に育てられた［岸上 2005: 118］。第2章1節で述べたように、子供は親族や特別な人に因んで名づけられるが、名前にはイヌア（名霊）が宿るとされ、イヌアによりその子供の人格や性向が決まると考えられていた。まわりの大人たちは「人格」を見抜き、その子にふさわしい生き方に仕向けることが重要だと考えられていたので、子供は叱られることなく、静かに見守られて育てられた［スチュアート 2005: 58］。子供の持っている性格の特徴を伸ばすこと……秀でているところを伸ばし、将来社会に役立つようにし、不得手なところはまわりの人が補うように配慮された［ibid.: 58］。

　極北ツンドラという自然環境を生き抜くためには、鋭い観察力と豊富な知識、そして卓越した技術が必要であった。子供に宿っているイヌアが発現する7〜8歳ごろになると、子供は大人と行動をともにして、さまざまなことを学んだ［ibid.: 58-59］。イヌイットの教育の特徴は、子供に狩猟の仕方や、食料の分配方法を直接教えるのではなく、先輩のやり方を見て、自然に適切な方法を学んでいくことである［岸上 2005: 119］。男の子は父や兄といっしょに出かけ、天候の読み方、動物の習性と捕獲法、雪の家をつくる技術などを、女の子は母親と行動をともにし、調理、獲物の解体、毛皮をなめす技術、肉の分配、赤ん坊の世話などを自然に学んでいった［スチュアート 2005: 59］。

Children learned from observing their parents and other adults and by trial and error and were usually allowed to mature at their own pace. Aside from storytelling, Inuit emphasized learning through nonverbal means, and children were discouraged from asking questions or demanding explanations.

子供たちは「試して失敗」というやり方で、親や大人を観察し、自分のペースで学んでいくことが許されていた。語り聞かせは別として、言葉を介してではなく（見よう見まねで自然に）学ぶことが強調され、質問をしたり、説明を求めることは歓迎されなかった。［Stern 2010: 27］（筆者訳）

2. 宣教師による教育

1800年代の終わりごろから、英国国教会派とローマ・カトリック系の宣教師が徐々にカナダ北部に入り込んでいった。カナダ政府は、イヌイットの多い

図 5-1 宣教師によるイヌイットの子供への教育
[The Canadian Encyclopedia 2017: 10]

東部には英国国教会派を割り当てた［新保 1999: 65］。宣教師たちは布教のみならず、病人の治療、ときにはイヌイット語や英語の読み書きの教授などを行った。配偶者交換や嬰児殺しなど、イヌイット社会に長く続いていた慣習は、彼らからみると「悪習」であったのでやめさせ、イヌイット社会に大きな影響を与えた［岸上 1998: 22］。

　この時代のイヌイットはほとんど学校教育を受けていなかったが、宣教師による教育の影響で、従来の自然に身体で覚える教育、伝承による語り伝えによる学びに、読み、書きを通して学ぶ教育が少しずつ入ってきた。多くの宣教師はイヌイット語を学び、イヌイット語で布教し、歓迎された。また、北部にキリスト教の学校、ミッション・スクールを 8 校建設したが、イヌイットの多い東部地域には、バッフィン島に 1 校建設されたのみであった。当時デンマークがグリーンランドのカラーリット（イヌイットとほぼ同じ民族）に教育を行い成功していたことを、カナダ政府は無視し続けた［Purich 1992: 41］。

3. 連邦政府による教育

(1) 寄宿学校

　第二次世界大戦終了後、カナダ政府は北部の主権、さらなる北部の資源開発、イヌイットの教育などを目標とした施策を行った。しかしながらイヌイットの教育に関しては、人口の分散、交通の不便さ、寒い気候など、厳しい状況であった。北西準州のなかでもデネー族などインディアンの多い西部に比べ、イヌイットの多い東部には学校が少なく、1944 年の時点では教会運営の 1 校のみであった。1947 年より連邦政府が北部の教育を行うことになったが、人口が分散していて学校建設が難しいと判断された。

　1951 年ごろから人口の多い 5 地域に寄宿学校がつくられ、教会に運営が委任された［Duffy 1988: 100］。イヌイット社会に入り込んでいた宣教師たちはイヌイット語を使い、彼らの生活を理解していたので、寄宿学校での英語への同化教育に反対する宣教師も多数いた［Laugrand *et al.* 2009: 23］。政府からの予算不足などから、寄宿学校での教育はハード、ソフトの両面で後々まで問題を残すものとなる。

まずチェスターフィールド・インレット（Chesterfield Inlet）に小学校の寄宿学校ができ、ローマ・カトリック教会により運営された。その後人口の多い地域に小学校の寄宿学校がつくられ、連邦政府のもとローマ・カトリック教会あるいは英国国教会により運営された［Duffy 1988: 100］。イヌイットの子供たちはむりやり遠隔の地の寄宿学校に入れられ、10 か月間親にも会えない寮生活を強いられた。子供の 1 人でも学校に入れないと家族手当がカットされるので、親は子供を寄宿学校に入れることに同意した。

> The teacher told us that they would withhold our family allowance checques if we didn't send our children to school. We also thought it was necessary. At that time, our children were taken from their families and put in hostels for ten months at a time.
> 先生は、もし子供たちを学校に行かせない場合は、家族手当の小切手は渡さないと我々に告げた。我々も子供を学校に行かせることは必要だと思っていた。当時、子供たちは 10 か月間家族から離され、ホステル(寄宿舎)に入れられた。［Billson *et al.* 2007: 98］（筆者訳）

寄宿学校の様子に関しては、筆者がイカルイトで得た貴重な資料［Legacy of Hope Foundation 2010］に体験談が載っている。そのなかから 2 例を要約し、引用する。

> ピーター・イルニック（Peter Irniq）の体験談
> 　1958 年の 8 月、1 隻の船が我々のキャンプにやってきた。船から降りたローマ・カトリック系の神父が、父に何かを話し、私はチェスターフィールド・インレットの寄宿学校に連れていかれることになった。母はいつものように来客を遇するために、外でお茶を沸かしていた。父は言葉がよく理解できず、承諾したことになった。数日して、私は飛行機で寄宿学校に連れていかれた。イヌイットの伝統的な服は脱がされ、ジーンズの服を着せられ、靴を履かされた。寄宿学校では、ヨーロッパ人になるように教育された。教室には黒板、教壇、机、椅子があり、修道女の絵が飾ってあった。

寮では 40 くらいのベッドのある大きな部屋で寝たが、キャンプと様子が違い、よく眠れないことも多かった。また、私はゴミ処理係（garbage boy）を命ぜられ、修道女のゴミを処理させられたが、汚いものも多く、我慢して任務をこなした。

　食事はひどかった。冷凍の固い牛肉などで、ときどき出るコーン・ビーフは楽しみであった。甘い物は土曜日の朝のコーン・フレークのみであった。英語で数学や社会なども学んだが、慣れていなかったのでとても難しかった。外でのフットボールは楽しみであった。イヌイット語を話すことは固く禁じられていて、英語のみを使わねばならなかった。

　寄宿学校に入って 9 か月がたち、1959 年の 5 月には家に帰ることを許された。両親に会え、思わずキスをした。自分の言葉を使えて、家族といっしょにいられる幸せを噛みしめた。［Legacy of Hope Foundation 2010: 97-106］

リリアン・エリアス（Lillian Ellias）の体験談

　北西準州のインレット（Inlet）に住んでいたが、9 歳から 3 年間、カトリックの寄宿学校に入れられた。子供の 1 人でも学校に行っていないと家族手当（family allowance）を失うので、両親は私を寄宿学校に入れることにした。最初は一言も英語がわからず、サインで話した。イヌイット語を使うと、修道女が首をつかみ、ゆすり、殺されそうになった。本当につらい経験であった。修道女を批判的にみることも許されなかった。100 人くらいいっしょに大部屋で寝かされ、よく眠れなかった。長い髪の毛はばっさり切られた。年上が年下の面倒をみていたので、困らせないように彼（女）らのいうことに従った。夏の間の 2 か月間のみ家に帰ることが許されたので、6 月が本当に待ち遠しかった。食事は黄色く変色した古い魚やオートミールのおかゆのポーリッジ（porridge）など、ひどいものであった。両親のもとでは暖かいカリブーの毛皮の服を着ていたが、寄宿学校ではみな同じパーカーのような服を着せられた。子供を寄宿学校に入れることは、両親にとってもつらいものであった。寄宿学校に関していえるのは、住むのに適した場所ではないということである。［Legacy of Hope Foundation 2010: 47-53］

これら二つの体験談に関して、最初の事例はピーターがチェスターフィールド・インレットの小学校の寄宿学校に連れていかれた様子である。チェスターフィールド・インレットの寄宿学校はローマ・カトリック教会によって運営された最初の寄宿学校で、後述するように性的虐待もひどく問題の多かった学校である。2番目のリリアンの事例は、9歳からなので、小学校高学年の寄宿学校での話であるが、やはりつらい体験をしたことがうかがえる。人口の多い地域にまず小学校がつくられ、徐々に中学校もつくられていった。

　寄宿学校に関しては、マイナス面ばかりではなく、問題はあったが「よかった」と感じているイヌイットもけっこういて、その後イヌイットのリーダーとして活躍している卒業生もいる。筆者がインタビューをした60代後半の男性のイヌイットは、現在もヌナブト研究機構（Nunavut Research Institute）で現役のスタッフとして働いている。インタビューの寄宿学校に関する部分は下記のとおりである。

　　私は1年生から8年生（小学校と中学校）は地元の連邦政府の公立学校で学び、9年生から10年生（高校の前半2年にあたる）の2年間、連邦政府のマニトバ州チャーチル（Churchill）にあった職業学校（vocational school）の寄宿学校で過ごした。6月中旬から8月中旬の夏の間のみ家族のもとへ帰れたが、それ以外は毎日家族が恋しかった（I missed my family every day）。チャーチルの職業学校はとてもよく、嫌な思い出はない。食べ物は十分すぎるくらいで（more than enough）、衣服はまあまあ、4人部屋でベッドもまあまあであった。ほかの寄宿学校であった肉体的、精神的、性的な虐待はまったくなかった。授業はもちろん英語で行われたが、頑張って一生懸命勉強した。科目は英語、数学、科学、社会、歴史、地理などであった。このときに多くの友人ができ、今でも交友が続いている。その後、このときに身につけた英語を武器に通訳として働き、この年になっても仕事があるのはありがたいと思っている。

1960年代後半の寄宿学校の体験談であるが、連邦政府の寄宿学校でもあり、初期のころとまったく違うことがうかがえる。

また、寄宿学校を含め、学校教育のよかった点は、識字率が高くなったことである。1955年には15％のイヌイットしか学校へ行っていなかったが、1964年には75％のイヌイットが少なくとも小学校へ行き、英語の識字率が飛躍的に伸びた［Duffy 1984: 112］。

連邦政府は定住化と学校教育を連携し、促進する政策をとっていった。

> Once children came to the settlement for education and health care, the families followed. The pain of separation made it easier for government representatives to persuade to live in their settlement so they could be with their children.
> いったん子供たちが教育と健康管理のために定住地に来ると、家族も従った。子供と離れるつらさが、政府の代表が家族に定住地に住むよう説得するのを容易にした。その結果、家族は子供たちといっしょに暮らせるようになった。［Billson *et al*. 2007: 99］（筆者訳）

親は子供と離れるつらさを避けるためにキャンプ生活をやめ、政府の定住化政策に従ったことがうかがえる。

寄宿学校に関しては、親がよく納得しないまま連れていかれたこと、イヌイット語の使用が禁じられたこと、食事、衣服、設備もひどかったこと、規則が厳しくイヌイット語を使うとひどい体罰が科せられたことなどが、上記の二人の体験談からよくわかる。寄宿学校の食事、衣服、設備などに関しては、連邦政府からの給付金が年間400ドルと少なかったことにも起因すると考えられる［Duffy 1988: 96］。

寄宿学校では、イヌイット語の使用に体罰が科せられた。教育をする白人は、イヌイットの野蛮な風習や言語を捨て、白人の宗教、言語、風習を身につけることが、イヌイットにとって幸せであると信じていた。親元から無理に離され、英語はまったく理解できず、みずからの言語、イヌイット語も使用できず、食べ物、衣服もまったく異なり、毎日泣いて暮らしていたイヌイットが多かった。

> Inuit children were forcefully taken from their families and sent to compulsory residential schools where the use of English-only language and English-only

curricula were mandated and strictly enforced.

　　イヌイットの子供たちは、無理やり家族から引き離され、義務教育の寄宿学校に送られたが、寄宿学校では英語の使用のみであり、英語のみのカリキュラムが命令により厳しく実行された。[Preston 2016: 111]（筆者訳）

　寄宿学校で行われたのは、完全に英語による英語文化への同化教育であった。その後親元に戻った生徒たちは二つの文化の違いに戸惑い、悩む者も多かった。
　寄宿学校のいちばん大きな問題は、生徒たちに肉体的、精神的、性的な虐待を科したことである。とくにチェスターフィールド・インレットの小学校など、初期のローマ・カトリック系の寄宿学校での神父、修道女や一般の職員による虐待の被害が多く見受けられた［Legacy of Hope Foundation 2010: 6］。さらに問題は、受けた苦痛、屈辱による心の傷、トラウマや、自身が受けた苦痛を他に科すというかたちが、現在までイヌイット社会に残っていることである。
　カナダではインディアンに対して行われた寄宿学校での虐待［長谷川 2012］と同様に、イヌイットへの寄宿学校での教育や虐待に対して、現在は深い反省が行われている。2008年には当時のハーパー首相が議会に先住民のリーダーや寄宿学校の卒業生を招いて、「カナダ政府は、先住民を深く傷つけてきたことを心から謝罪する」と公式に述べた。2008年には寄宿学校での実態調査のための「真実と和解の委員会」（Truth and Reconciliation Commission）が政府の資金で先住民の住む各地域に設けられ、イカルイトにもこの委員会は設立された。委員会を中心に7,000人の先住民の元寄宿学校生徒への聞き取り調査が行われ、その結果をまとめた報告書（*Canada's Residential School* Vol. I & II）が2015年に出された［Truth and Reconciliation Commission of Canada 2015］。また、カナダ政府は先住民に44億ドルの補償金を支払い、いちおうの決着がついた。

(2) 連邦政府の平日学校

　1955年には、先住民の定住化をねらいとし、多額の予算を投じて大規模な平日学校の建設が始まる。プログラムの実施にあたり、16歳以下の先住民の子弟に家族扶養手当を支給し、親が子供を学校にやらない場合は支給を停止し、学校教育を推進した［新保 1999: 52］。それでも、1955年現在の15歳以下のイヌ

イットの就学率は 15% と低かった［Duffy1988: 112］。同 1955 年にはイカルイトに連邦政府の平日学校がつくられ、定住化が進むなか、1960 年代前半までに人口の多い地域に次々と連邦政府の平日学校がつくられた。

　定住化後の連邦政府の平日学校では、前述の寄宿学校での虐待などはみられなかった。しかし、南部のカリキュラムが導入され、学ぶ内容はイヌイットにとってあまりにも彼らの日常と離れていたので、カリキュラムにイヌイットの文化や価値を入れる必要が認識され始めた。しかしながら、米ソ冷戦に備え、1954 年から北部国境地域に米加共同で遠距離早期警報レーダー網（DEW Line）が建設される。イヌイットへの教育の目標は、カナダ社会で雇用可能な英語力のある、南部の価値観を持った人材育成となっていき、職業教育に重点をおいた主流の英語社会への同化教育がなされた［ibid.: 109］。

　この時期の問題は、南部から派遣された教員はイヌイット語ができず、イヌイットを理解しようと努力する姿勢も一般的になく、ひたすら南部式の教育を行った点にある。それでも、1960 年代は定住化が進み、衛生状態もよくなり、結核患者も減った。若者が増え、各コミュニティに学校が建設され、1964 年には 15 歳以下の就学率は 75% と飛躍的に伸び［ibid.: 112］、イヌイットの英語識字力も伸びた。しかしながら、イヌイットの高校卒業率は 15% と低かった。

　　A mere 15% of Inuit graduate from high school, as compared to 52% of all Canadians. Fewer than 1% of Inuit students attend university.
　　カナダ全体の 52% に比べ、イヌイットの高校卒業率は低く、たったの 15% である。大学に通うイヌイットは、1% にも満たない。［Purich 1992: 49］（筆者訳）

さらに、ピュリッチ（D. Purich）は高校卒業率の低さに関して、次のように述べている。

　　One of the most significant factors is the lack of viable economic base in the local community. If students cannot see the results of education, if they cannot link their education to a job and viable pay cheque, there is little incentive to pursue an education.

　もっとも重要な要因の一つは、地方のコミュニティに見込みのある経済基盤がないことである。もし生徒が、教育の結果を見極めることができず、教育を仕事や成功の証としての小切手での給与支払いに結びつけることができなければ、教育を続ける動機はほとんどなくなる。[ibid.: 49]（筆者訳）

当時のイヌイットの高校卒業率の低さの主要な要因は、卒業しても仕事に就けない経済状況であると述べている。この時代は、高校は大きなコミュニティにしかなかったことも、高校卒業率の低さにつながっている。

　一方で、高校を卒業した生徒を対象とする高等教育の必要性も高まり、1964年に北西準州に職業学校がつくられ、徐々に増えていく。イヌイットへの教育の特徴として、職業教育が挙げられる。現在でも、とくに男性は職業学校へ進む率が高い [Statistics Canada 2011]。

4. 北西準州政府による教育

　連邦政府の定住化促進、学校建設によりイヌイットの就学率は伸びた。教育にイヌイット語やイヌイットの伝統文化を入れる必要が認識され、1960年初期から連邦政府主導のもと、イヌイットにふさわしい北部独自のカリキュラムが検討され始め、1969年に教育が北西準州に移譲された（東部には1970年）。寄宿学校や連邦政府の平日学校でのイヌイットに対する英語への同化教育は、イヌイットに混乱や自信の喪失をもたらし、効果が上がらなかった。そのためイヌイット語と英語のバイリンガル教育の必要性が強く認識され、バイリンガル教育が北西準州で研究された。1972年には、先住民の文化を教育にとり入れた、幼稚園から小学校までのカリキュラムが作成された。1975年ごろから一部先住民が教育行政に参加し、1976年には言語プログラム局ができて、イヌイットのための教材作成に着手した [新保 1999: 72]。

　北西準州の教育では、「小学校教育の目的は、母語の基本的な読み書き能力の養成にある」（A goal of the primary education is to develop basic literacy in the mother tongue）と考えられていた。英語またはフランス語は、カナダ人として必要不

可欠であり、また将来の職業に役立つ第 2 言語として、とくに聞く、話すことを通して導入されると書かれている [Northwest Territories Education 1981: 2]。同報告書はまた、初期のイヌイット語による教育が効果的であると提案しており、とくに母語であるイヌイット語の読み、書き能力に重点がおかれている点が評価できる。

　北西準州では連邦政府からの予算も増え、イヌイット語保持のための教育が真剣に研究されて、少しずつ実行されていく。また、8 歳から 10 歳くらいが第 2 言語習得には適切なので、小学校 3、4 年生まではイヌイット語で教育し、少しずつ英語に移行 (gradual transition) するように進められた。1972 年には、幼稚園から小学校 3、4 学年においてはイヌイット語を教育言語とすること、カリキュラムにイヌイットの文化、歴史、遺産などを反映させることが検討された。

　しかしながら、実行するにはさまざまな問題があった。いちばんの問題は、イヌイット語を教える教員の不足であった。1969 年にアルバータ大学(University of Alberta) と提携してイヌイットの教員養成プログラムが始まり、15 人の修了生のうち 11 人が北西準州の教員となった [Duffy 1988: 115]。北西準州にはイヌイット語を教える 3 種類の教員がいた。いちばん望まれたのは教員養成プログラムを修了したイヌイットの教員で、教員養成卒業生 (The Teacher Education Program (T.E.P.) Graduate) と呼ばれ、イヌイット語を教える教員の中核となっていく。教室助手 (Classroom Assistant) は、初めのうちは、英語に堪能な 8 年生または 9 年生修了者で、正式の教員ではないが、教員の補助として教えるのを手伝った [Northwest Territories Education 1981: 16]。1978 年には就学率も上がり，正式に教室助手養成プログラム (Classroom Assistant Training Program) が北西準州にでき、より資格のある教室助手が育っていく [ibid.: 16]。3 番目は数が少ないが、白人のバイリンガル教師 (White Bilingual Teacher) である。言語学や教育学を学び、イヌイット語もできたので、教材開発やコースなどのプラニングに携わった [ibid.: 19]。

　また、イヌイット語保持のためのバイリンガル教育に関しては、地域 (コミュニティ) や親との連携も検討され、地域差を考慮した教育が実行されていく。コミュニティのグループや個人は、授業の観察やプログラム開発ワークショッ

プのために学校を訪ねたり、ときには教室やワークショップで人的教材として役立った［ibid.: 79］。北西準州ではカナダの公用語の英語、フランス語以外に、西部のインディアンの 6 言語と東部のイヌイット語を公用語にする検討がなされ、学校教育でもこれらの言語を推進するカリキュラムが開発された。1984 年に、英語とフランス語を準州の公用語、イヌイット語とインディアンの 6 言語を準州の先住民公用語としたが、1990 年にはこれら 9 言語をすべて北西準州の公用語とした［Purich 1992: 60-61］。

　教育組織としては、準州教育省のもと、1971 年にそれぞれ学区教育委員会を持つ 10 の教育学区が設定された。さらに、1977 年より学区教育委員会のもとに、各市町村単位の教育委員会も設けられ、選挙で選ばれた委員により、住民の声を反映した地域のニーズに合った教育が検討された［岸上 1994: 28］。東部では、イヌイットの文化を教育に反映させる声が高まり、イヌイット主体の教育政策が展開されるようになる。筆者のインタビューによると、北西準州では、小学校 3、4 年生まで移行型バイリンガル教育であったが、リテラシー（読み、書き能力）を含めてイヌイット語による教育が行われ、小学校 4、5 年生から英語での教育に変わったとのことであった。しかし、依然としてイヌイット語のできる教員の不足は問題であり、1979 年にはイカルイトのヌナブト北極カレッジでマギル大学と提携した教員養成が始まった。また、イヌイット文化の導入に関して、1992 年にイヌイット科目に関する諮問委員会（Inuit Subject Advisory Committee）を設け、検討が進められた。諮問委員会のメンバーはほとんどイヌイットであり、教育関係者、父兄以外に多くの長老も加わった。イヌイットの伝統や価値観が反映されるように検討が重ねられ、1997 年にイヌカティギート（Inuuquatigiit）という科目が開発された［下村 2001b: 180］。現在でも北西準州やヌナブトの学校では、この科目が教えられている。

　現在、北西準州の公用語は、英語、フランス語、九つの先住民語であるが［OLBI 2017］、地域により、小学校の初期には先住民言語で教育を受けることができる。九つの先住民言語は、イヌイットの 2 言語とインディアンの 7 言語である。

　北西準州に教育が移譲され、以前の南部式の英語への同化教育ではなく、先住民の文化や言語をとり入れた教育が実行された。トップダウンではなく各教育区にある程度まかせ、イヌイットも教育行政に入るなど先住民の声を反映し

た点などで、教育の効果は上がった。また、北西準州政府は多文化主義を教育哲学の基本とし［新保 1999: 73］、先住民の言語や文化を尊重した。

第 6 章
ヌナブト準州の教育と法

1. ヌナブト準州の教育とイヌイット

　マクレガー（H. E. McGregor）が述べているように、2008 年のヌナブト教育法は、カナダで初めて州あるいは準州レベルで先住民の考え方を反映したものであり、その意味では画期的である。

> The 2008 Nunavut Education Act is the first provincial or territorial education legislation in Canada that represents the educational vision of an Indigenous population.
> 　2008 年のヌナブト教育法は、先住民の教育の考えを反映させたカナダで最初の州あるいは準州の教育法である。［H.E. McGregor 2012: 27］（筆者訳）

　2008 年のヌナブト教育法は、バイリンガル教育によるイヌイット語保持とイヌイットの伝統知識にもとづくイヌイットの文化教育の双方を盛り込んだバランスのとれた教育法であり、親や長老との協力が述べられている。しかしながら、教育長と地域教育オーソリティが政策の実行を行い、各地域と準州政府の懸け橋となる教育委員会（board of education）は解消された。

> The government of Nunavut did not accept the recommendation to amalgamate boards. Local education authorities were to remain, but all board programs and services were transferred for direct administration by the Department of Education

at head quarters and regional school operation offices.

　ヌナブト準州政府は、(各地域の) 教育委員会を融合するという勧告を受け入れなかった。各地域の教育オーソリティは残ったが、教育委員会のプログラムやサービスは準州教育省本部と各地域の学校運営オフィスによる直接の管理に移行された。[ibid.: 41]（筆者訳）

　ヌナブト準州成立のさいに、北西準州時代の学区のもとにあった教育委員会制度は廃止され、準州政府の教育省が直接教育に関わるようになった。ヌナブト準州の教育は北西準州から受け継がれたバイリンガル教育と、イヌイットの伝統知識にもとづく教育を特徴とする。2008年に公用語法（Official Languages Act）ができ、ヌナブト準州の公用語は、カナダの2公用語の英語、フランス語に加えて、イヌイット語が公用語であることが述べられているが、実質的には英語とイヌイット語のバイリンガル社会をめざしている。

2. イヌイットの伝統知識 IQ と教育

(1) ヌナブト準州の政策とイヌイットの伝統知識

　1999年のヌナブト準州成立後2004年に、準州政府はイヌイットの伝統知識、Inuit Qaujimajatuqangit（以下 IQ と省略）にもとづき、すべての部署の政策決定がなされることを正式に述べた [Aylward 2007: 1]。

> Qaujima is a verb, meaning "to know". Adding the suffix -jaq turns it into a noun, meaning "that which is known". The addition of the suffix -tuqaq, an adjective meaning "has existed for a while"—makes qaujimajatuqaq. It denotes "Something that has been kwown for a long time". The final suffix -ngit is a third-person plural possessive. Thus, Inuit Qaujimajatuqangit means literally "the things that Inuit have known for a long time"— in other words, specifically Inuit ways of thinking, acting, and being.
>
> 　Qaujima は「知る」という意味の動詞である。接尾辞の -jaq をつけることにより、「知られていること」という意味の名詞に変わる。さら

第 6 章　ヌナブト準州の教育と法

に、ずっと存在したという意味の形容詞の -tuqaq という接尾辞をつけ、qaujimajatuqaq になる。最後の -ngit は 3 人称複数所有格を表す。かくして、Inuit Qaujimajatuqangit は、イヌイットが長く知っていたこと——いい換えるならば、とくにイヌイットの考え方、行動の仕方、存在のあり方という意味になる。[Stern 2010: 33]（筆者訳）

　IQ はまた、ヌナブト社会開発会議 (Nunavut Social Development Council) のルイス・タパルジュック (Louis Tapardjuk) により、次のように定義されている。

　IQ ... was defined as all aspects of traditional Inuit culture including values, world-view, language, social organization, knowledge, life skills, perceptions and expectations.
　IQ とは、価値観、世界観、言語、社会組織、知識、技術、認識、期待を含む、伝統的なイヌイットの文化のすべての面として定義される。[Aylward 2007: 2]（筆者訳）

IQ とは、価値観、世界観、言語、社会組織、知識、技術、考え方、将来の期待などを含んだイヌイットの伝統的な文化のすべての面であると定義されている。IQ は長老たちにより認められている四つの法（イヌイット語でマリゲイト、maligait）により、イヌイットが幸せによい生活を送れるもととなるものでもある。四つの法とは、皆の利益のために働くこと（working for the common good）、生き物すべてを敬うこと（respecting all living things）、調和とバランスを保つこと（maintaining harmony and balance）、たえず未来を見すえて計画し、準備すること（continually planning and preparing for the future）である[Tagalik 2009-2010a: 1]。IQ は広く、上記の四つの法や後述する八つの原則にみられるような道徳的な側面、自然や環境に関連した面、文化、言語に関する側面を含む。

(2) 教育法とイヌイットの伝統知識
　ヌナブト準州の教育法は 2008 年に準州議会で決議され、2009 年に発効されたが、第 1 部の基本的原則の第 1 条には次のように述べられている。

PART 1

FUNDAMENTAL PRINCIPLES

Inuit societal values and Inuit Qaujimajatuqangit

1. (1) The public education system in Nunavut shall be based on Inuit societal values and the principles and concepts of Inuit Qaujimajatuqangit.

第1部

基本的原則

イヌイットの社会価値とイヌイット・ハウイマヤツハンギット

1. (1) ヌナブトの公的教育システムは、イヌイットの社会価値とイヌイット・ハウイマヤツハンギットの概念にもとづく。(筆者訳)

また、ヌナブト準州の教育のもとになる八つの原則は、ヌナブト教育法に以下のように規定されている。

1. (2) The following guiding principles and concepts of Inuit Quujimajatuqangit apply under this Act:

(a) Inuuqatiguutsiarniq (respecting others, relationships and caring for people)

(b) Tunnganarniq (fostering good spirit by being open, welcoming and inclusive)

(c) Pijitsirniq (serving and providing for family or community, or both)

(d) Aajiiqatigiinniq (decision making through discussion and consensus)

(e) Pilimmaksarniq or Pijariuqsarniq (developing of skills through practice, effort and action)

(f) Piliriqatigiinniq or Ikajuqtigiinniq (working together for a common cause)

(g) Qanuqtuurniq (being innovative and resourceful); and

(h) Avatittinnik Kamatsiarniq (respect and care for the land, animals and environment)

1 (2) 次の指導原則とイヌイットのハウイマヤツハンギット (Quujimatuqangit) は、この法 (教育法) のもとに適用される。

(a) Inuuqatiguutsiarniq (他人を尊敬し、関係を大切にし、人々の世話をすること)

(b) Tunnganarniq（いつもオープンで、歓迎的で、包括的であることにより、よい精神を培うこと）
(c) Pijitsirniq（家族や地域、あるいは両方に仕え、与えること）
(d) Aajiiqatigiinniq（議論と合議での決定）
(e) Pilimmaksarniq or Pijariuqsarniq（練習、努力、実践により技術を向上させること）
(f) Piliriqatigiinniq or Ikajuqtigiinniq（共通の目的のために、いっしょに働くこと）
(g) Qanuqtuurniq（革新的で臨機応変であること）、そして
(h) Avatittinnik Kamatsiarniq（土地、動物、環境を敬い、大切にすること）
（筆者訳）

　イヌイットの伝統知識（IQ）の八つの原則には、イヌイット社会で受け継がれてきた考え方や価値観が盛り込まれている。イヌイットは確かにカナダでは学歴がいちばん低いことは前述したが、筆者の体験では、とても道徳的で、礼儀正しい人たちであった。上述の8原則にあるような考えが、若いイヌイットにも受け継がれていると感じた。具体的には、たとえばアンケートのさいにボールペンを貸したが、必ず戻ってきた。

(3) 学校教育におけるイヌイットの伝統知識

　イヌイットの価値、文化、信念、言語の保持のために、北西準州では1996年にイヌカティギート（Innuqatigiit）という科目が新設され、現在のヌナブト準州の学校のカリキュラムにも受け継がれている。イヌカティギートでは、イヌイットの言語や文化の維持と強化、イヌイットの団結の強化、過去と現在の連続性の創造、イヌイットの価値や信仰の継承、イヌイットとしての誇りの高揚とアイデンティティの五つの目標が掲げられている［下村 2001: 373-374］。具体的には、イヌイットの季節の活動、家族・親族関係、地域（大地、コミュニティ、北極圏、世界など）に関することが盛り込まれている［ibid.: 374-375］。ヌナブト準州では、イヌイットに受け継がれてきた伝統知識（IQ）を若い世代に伝えるべきであるという強い信念のもと、八つのIQの原則を政策、カリキュラムなどに反映させている。

... with these eight guiding principles, IQ: Education Framework for Nunavut Curriculum is the source of nearly all policy, curriculum, and programming undertaken by the Nunavut Department of Education.
　　これらの八つの原則の導入で、ヌナブト・カリキュラムのための教育枠組みの IQ は、ヌナブト教育省によるすべての政策、カリキュラム、プログラムのもととなっている。［McGregor 2012: 296］（筆者訳）

　次に、具体的にヌナブト準州学校教育のなかに、イヌイット伝統知識（IQ）がどのように反映されているかを考察する。2014 〜 2015 年度のヌナブト・カリキュラムと教材（*2014-2015 Nunavut Approved Curriculum and Teaching Resources*）［Department of Education, Nunavut 2016］によれば、ヌナブトの幼稚園から高校までの学校教育は次の 4 系列が中心となっている。

① 語学、芸術系列（Uquausiliriniq）
　言語と芸術教育であるが、英語、芸術の他、幼稚園から 6 年生（イカルイトでは中学校 1 年）、k-6 まではイヌイット語（Inuktitut Language Arts）が必修で教えられている。イヌイット語の授業のなかで、伝統的な価値も教えるように工夫されているが、担当のイヌイットの教員の裁量次第である。
② 数学、科学系列（Iqqaqqaukkaringniq）
　数学、科学に関する科目群であるが、数学はアルバータ州に、科学に関しては幼稚園から中学校 1 年（k-6）は北西準州に準拠し、中学校 2 年から高校 4 年（7-12）はアルバータ州に準拠している。自然に関する内容では補助教材を使い、ヌナブトの自然などを教えるようにしている。
③ 北方研究（Nunavusiutit）
　歴史、文化、地理、環境、社会などを中心とした科目群であり、北西準州で開発されたイヌカティギート（Inuuqatigiit）に準拠している。この科目群がいちばんイヌイットの伝統知識（IQ）にもとづいている。イヌイットの歴史、文化、地理、環境問題などが盛り込まれている。
④ 保健、体育系列（Aulajaaqtut）
　保健体育などに関する科目群であり、北西準州の教材に準拠しているが、一

部アルバータ州にも準拠している。イヌイットの伝統的なゲーム、レスリング、雪靴に関する知識などが盛り込まれている。

　各系列、科目でどの程度イヌイットの伝統知識（IQ）が意識され、教えられるかは、教員の裁量、校長をはじめとする学校側の姿勢にもよる。筆者はイカルイトの二つの小学校の校長にインタビューしたが、校長がイヌイットのナカスク小学校（Nakasuk Elementary School）では、すべての科目にIQを入れるように工夫しているとのことであった。校長が白人のジョアミー小学校（Joamie Elementary School）では、南部の英語教材を使うことが多いので、折にふれIQを入れる程度であるとのことであった。イヌイット語やイヌイット文化を学校教育のなかで保持するためには、やはり校長などの管理職がイヌイットであり、一般の教員もイヌイットの比率を増やすことが必要だと痛感した。IQの学校教育への導入は、小学校がいちばん多く、上級に進むにつれて減少する。筆者がイカルイトで訪問したアクサルニット中学校（Aqsarnit Middle School）のイヌイット語の授業のなかでは、ヌナブトの野草とその漢方的な利用法が説明されていて、言語と文化を統合した授業であった。

　また、高校では保健・体育科目のアウラジャクタット（Aulajaaqtut）が、2004年には10年生の、2010年には11年生の必修科目となったが、キャリア科目的性格も強く、イヌイットの伝統的知識（IQ）にもとづいている。2011年度には12年生でも必修となったが、2014年度には必修から外された［McGregor 2015: 205］。高校のアウラジャクタットは、イヌイットの若者に誇りや強いアイデンティティ、指導能力、技術を教えるための重要な科目である［ibid.: 204］。高校卒業に必要な100単位のうち、アウラジャクタットは10単位で10、11年生の必修科目であるが、2010〜2013年度の15単位に比して減少している。また2009年度まで設けられていた北方研究が、高校では廃止された。高校では、2014年度からのカリキュラムで、IQの導入は減少傾向にある。ウォルトン（F. Walton）によると、IQの学校プログラムへの導入は、イヌイットによい効果をもたらすことが示されている。

　　... the incorporation of IQ into the school programs reinforces and strengthens

Inuit identity, increases pride and helps to make schooling relevant and more engaging for the students.

　IQ を学校プログラムに入れることは、イヌイットのアイデンティティを強め、誇りを高め、学校教育を妥当なものとし、生徒をより学校に専念させるのに役立つ。[Walton 2011: 10]（筆者訳）

ヌナブト準州での高い中退率を考えると、イヌイットが誇りを持ち、学業に専念するためには、現在のカリキュラムの IQ の導入では不十分であると考えられる。また、マクミラン（B. McMillan）は、現在のヌナブト準州における IQ の導入は失敗であると述べている。

　... the diverse elements of an Indigenous people's heritage can only be fully learned or understood by the means of pedagogy (and language) traditionally employed by these peoples themselves, including apprenticeship, ceremonies and practice.

　先住民の伝統遺産の多様性は、徒弟見習い、儀式、実践を含めて、伝統的に先住民自身によって用いられてきた教育法（そして言語）によってこそ十分学ばれ、理解されうる。[McMillian 2015: 31]（筆者訳）

先住民に代々受け継がれてきた伝統文化の多様性は、先住民によって伝えられるべきであると述べている。長老が少なくなる現状では、イヌイット社会で IQ を次の世代にして伝えることが重要であり、とくに学校教育で若い将来のイヌイットの教育者に伝えることが大切であると考える。2013 〜 2014 年現在、資格を認められている長老は 113 人である。イカルイトにはいないが、タロヨーク（Taloyoak）、ケンブリッジ・ベイ（Cambridge Bay）など 7 地域に在住し、要請に応じて活躍している（『ヌナブト教育省 2013 〜 2014 年次報告』）[Department of Education, Nunavut 2015: 20]。

3. ヌナブト準州のバイリンガル教育と法

(1) 教育法

ヌナブト準州の教育法には、「イヌイット語と英語のバイリンガル教育を受けることができる」と述べられている。バイリンガル教育に関しては、第23条で次のように述べられている。

> Bilingual education
> 23 (1) Every student shall be given a bilingual education and the languages of instruction shall be Inuit Language and either English or French as determined by a district education authority with respect to the schools under its jurisdiction.
> Purpose
> (2) The purpose of the bilingual education required under subsection (1) is to produce graduates who are able to use both languages completely in academic and other contexts.
>
> バイリンガル教育
> 23 (1) すべての生徒はバイリンガル教育を受けることができ、管轄の学校の地域教育オーソリティによって決定されたとおり、教育言語はイヌイット語と英語、あるいはフランス語である。
> 目的
> (2) 小区分 (1) で要求されるバイリンガル教育の目的は、学問的およびほかの分野においてイヌイット語と英語（あるいはフランス語）を完全に使える（高校）卒業生を輩出することである。(筆者訳)

誰もがイヌイット語と英語あるいはフランス語とのバイリンガル教育を受けることができ、また、バイリンガル教育の目的は、イヌイット語と英語の両方に堪能な（高校）卒業生を輩出することであると明記されている。

評価に関しては、教育長が、教育言語の読み、書き能力と算数能力に関して、ヌナブト準州内の評価基準を確立し、維持することが第74条に述べられている。

Nunavut-wide assessments

> 74. The minister shall establish and maintain a program of Nunavut-wide assessments to assess the literacy of students in each language of instruction and their numeracy skills.

ヌナブトの評価基準

> 74 (教育省の) 大臣は、どの教育言語における生徒に対しても、読み、書き能力と算数計算能力を査定できるヌナブト評価基準を確立し維持する。

カナダでは、学力の評価にリテラシー（英語の読み、書き能力）と計算能力が測られるのが普通であるが、全国共通の試験と各（準）州独自の試験がある。全国共通の試験のヌナブト準州の結果に関しては、表6-3を参照のこと。

ヌナブト準州は大きく三つの地域に分けられるが、地域によって、また都会か地方かによっても、言語状況がかなり違う。そのため、バイリンガル教育の形態にも3モデルがあり、各地域の実態に合わせて選べるようになっている

(2) ヌナブト準州の3モデルと目標

ヌナブト準州では、教育法でイヌイット語の教育に関する三つのモデルを規定しており、各地域でどのモデルを採択するかを地域教育オーソリティ（DEA）が決定する。3モデルは、イヌイット語バイリンガルモデル、イヌイット語イマージョンモデル、二重モデルであり、地域の状況などに応じてモデルが採択される。二重モデルには、イヌイット語ストリームと非イヌイット語ストリームがあり、この場合どちらを選択するかは父兄に任されている。各モデルのイヌイット語、非イヌイット語の比率は、教育法で規定されている教育言語規則（Language of Instruction Regulations）で決められているが、表6-1にまとめてある。ヌナブト準州の言語状況は地域によってかなり異なる。地域教育オーソリティが、それぞれの地域に合ったモデルを決定する。イヌイット語バイリンガルモデル、イヌイット語イマージョンモデルは、表6-1によれば9年生までイヌイット語での教育のほうが多い。二重モデルは、英語に重点をおいたコースか、イヌイット語に重点をおいたコースかのどちらかのコースを親が選択する。筆者の調査地イカルイトは、この二重モデルを採用している。

表6-1　教育法の教育言語規則の3モデル
IN語：イヌイット語、非IN語：非イヌイット語
（ヌナブト準州教育法、教育言語規則の3モデルより筆者作成）

モデル	幼稚園〜3年生	4〜6年生	7〜9年生
IN語バイリンガル （キリックモデル）	IN語　　85〜90% 非IN語　10〜15%	IN語　　70〜75% 非IN語　25〜30%	IN語　　55〜65% 非IN語　35〜45%
IN語イマージョン	IN語　　85〜90% 非IN語　10〜15%	IN語　　80〜85% 非IN語　15〜20%	IN語　　65〜70% 非IN語　30〜35%
二重モデル IN語ストリーム	IN語　　85〜90% 非IN語　10〜15%	4年生 IN語　　70〜75% 非IN語　25〜30% 5年生 IN語　　60〜70% 非IN語　30〜40% 6年生 IN語　　55〜60% 非IN語　40〜45%	IN語　　50〜60% 非IN語　40〜50%
二重モデル 非IN語ストリーム	非IN語　85〜90% IN語　　10〜15%	4年生 非IN語　70〜75% IN語　　25〜30% 5年生 非IN語　60〜70% IN語　　30〜40% 6年生 非IN語　55〜60% IN語　　40〜45%	非IN語　50〜60% IN語　　40〜50%

10年生から12年生の単位に関しては、下記のように述べられている。

　　10〜12年生　　三つすべてのモデルに共通な必要最低単位数
　　10年生　　　　イヌイット語15単位、非イヌイット語15単位
　　11年生　　　　イヌイット語10単位、非イヌイット語10単位
　　12年生　　　　イヌイット語10単位、非イヌイット語10単位
　　追加単位　　　イヌイット語15単位、非イヌイット語15単位

　ヌナブト準州の3モデルに関しては、バイリンガルモデルとイマージョンモデルの違いは4〜9年生においてややイマージョンモデルのイヌイット語による教育が多いものの、あまり変わらない。二重モデルの非イヌイット語（英語）

ストリームでは、幼稚園から小学校3年生までの初期段階で教科としてのイヌイット語以外は英語で教育が行われるが、現在のヌナブト準州のイカルイトや一部の地域では家庭でのイヌイット語使用も減少しているので、この段階でイヌイット語はほぼ喪失されるのではないだろうか。4年生以降にイヌイット語の教育を増やしても、イヌイット語の保持は難しいと考えられる。

モデルのなかのイヌイット語バイリンガルモデルは維持型、イヌイット語イマージョンモデルはイマージョン型バイリンガル教育であり、このとおり実施されれば、バイリンガル人材は育つはずである。

(3) イヌイット語保護法

イヌイット語保護法では、ヌナブト準州内のすべての子供がイヌイット語を学べる権利を有することが述べられている。また、第8条（1）ではイヌイット語で教育を受ける権利が述べられている。

> 8. (1) Every parent whose child is enrolled in the education program in Nunavut, including a child for whom an individual student support plan exists or is being developed, has the right to have his or her child receive Inuit Language instruction.
>
> 8.（1）個人的なサポート・プランがあったり、サポート・プラン開発中の生徒を含め、ヌナブトの教育プログラムに子供が登録されているすべての親は、子供にイヌイット語での教育を受けさせる権利を有する。
> （筆者訳）

ここでは、ヌナブト準州内のすべての子供がイヌイット語を学べる権利を有することが述べられている。

また、教育プログラムに関しては第8条（2）（a）-（d）で述べられているが、第8条（2）（a）では次のように述べられている。

> 8 (2) (a) The government of Nunavut shall, in a manner that is consistent with Inuit Quajimajatuqangit, design and enable the education program to produce

secondary school graduates fully proficient in the Inuit Language, in both its spoken and written forms.

8 (2) (a) ヌナブト準州政府は、話し言葉、書き言葉においてイヌイット語に十分堪能な高校卒業生を産み出す教育プログラムを、イヌイットの伝統知識（IQ）に沿うやり方でデザインし、可能にする。(筆者訳)

ヌナブト準州政府は、イヌイットの伝統知識（IQ）と調和するやり方で、高校卒業生が話し言葉、書き言葉の両方においてイヌイット語を十分使えることを可能にするプログラムをつくらねばならないと述べている。そして、この目的達成のためのカリキュラム開発や、教員のトレーニングを行うべきであると述べられている。

また、職場での言語に関しては第12条で述べられている。

12 (1) The Inuit Language is a language of work in territorial institutions, and every employee of a territorial institution has the right to use the Inuit language during recruitment or employment delivered in a manner that is culturally appropriate and non-coercive.

(12) (1) イヌイット語は準州機関の職場の言語であり、準州機関のすべての従業員は、文化的に適切で、強制的でないやり方で、求職あるいは雇用のさいにイヌイット語を使用する権利を有する。(筆者訳)

イヌイット語は準州内の職場での言語であり、イヌイットの働き手は職業探しや雇用のさいに、イヌイット語を使う権利があることが述べられている。

(4) ヌナブト準州の学校

ヌナブト準州の各コミュニティには小学校があり、大きいコミュニティには中学校、そして高校は全部で6校ある（表6-2参照）。また、25のコミュニティには学習センター（Community Learning Center）があり、後述のヌナブト北極カレッジが成人教育を推進している［Flaherty 2013: 5］。学習センターではさまざまなプログラムを提供し、高校までの学習を補足したり、職業に役立つように支援し

図 6-1　ヌナブト北極カレッジのヌナタ・キャンパス
(2016 年 9 月、筆者撮影)

ている。

　ヌナブト準州には高卒後の教育機関 (post-secondary education) として、大学とカレッジがある。イカルイトにあるアキチラク法科大学 (Akitsiraq Law School) とヌナブト北極カレッジ (Nunavut Arctic College) である。アキチラク法科大学は定員が 25 名と規模は小さいが、オタワ大学、ヌナブト北極カレッジの協力も得て学士の称号を出している。ヌナブト北極カレッジは準州都のイカルイトのほか、ランキン・インレット (Rankin Inlet) とケンブリッジ・ベイ (Cambridge Bay) にキャンパスがあり、約 1,300 名が学んでいる。

　1968 年に北西準州に設立された成人職業訓練センター (Adult Vocational Training Center) を母体とし、本部はアービアット (Arviat) にある。2 年制の職業に関するコースが主であるが、学士号 (bachelor degree) がとれるコースとして、レジャイナ大学 (University of Regina) と提携している教員養成プログラム (Teacher Education Program) と、ダルハウジー大学 (Dalhousie University) と提携している看護学 (Nursing) の課程がある。

　2017 年にはサスカチュアン大学と提携した法学の学士号のコースも発足し

た。ヌナブト北極カレッジには準州内の各地から学生が集まり、卒業生は教員、看護婦、オフィス・ワーカーなど準州内の各地で活躍している。文字どおり、ヌナブト準州の高等教育の中心的な役割を果たしている。

4. ヌナブト準州の教育の実情

(1) イヌイットの高校卒業率

イヌイットへの学校教育が行われて 50 年以上が経過しているにもかかわらず、イヌイットの高校卒業率は低く、中退率が高い。最新のヌナブト準州の教育省の資料にもとづき高校卒業率を図 6-2 に示す。図 6-2 によれば、2014 年度のヌナブト準州の 17 〜 18 歳の高校卒業率は 31.5％であり、いまだに低い。2010 年度に比して、最近の 2013 〜 2014 年度の男性の卒業率は低下してきている。2010 年の男性の卒業率は 40.9％であったが、2014 年は 28.2％と低下している。2011 年以降は女性の高校卒業率のほうが高く、あまり変動がない。21 歳までは高校の教育を受けることができるので ［Department of Education, Nunavut

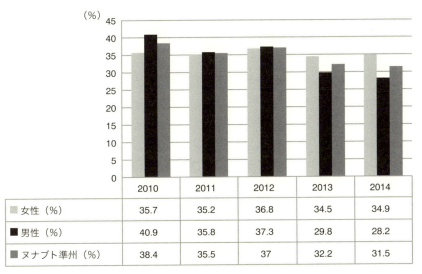

図 6-2　過去 5 年間のヌナブト準州の高校卒業率（17 〜 18 歳）
(Department of Education, Nunavut 2015: 37 より筆者作成)

2015: 36]、留年する生徒も多く、卒業が遅れる場合や再度高校に戻って卒業する場合も多い。また中退して職業に就いた後、学歴の大切さを痛感し、コミュニティの成人学校、職業学校やカレッジで卒業資格を得る場合も多い。

(2) イヌイットの出席率

筆者のイカルイトの高校長へのインタビューでは、10年生（イカルイトでは高校は9～12年生）、すなわち高校2年生での中退率がいちばん高く、11年生がそれに続くとのことであった。中退者 (leaver) は遅刻者が多く、出席率も悪くて、教員の悩みの種である。プレストン (Preston) の教員へのインタビューによれば、イヌイットの生徒の遅刻と出席率の悪さは大きな問題であるという。

> It's hard to teach someone who is only there every other day or who comes late. ... Attendance—it is my biggest concern in the North. ... Attendance, for some kids, we really do struggle with that.
> 1日おきに登校し、ただそこに座っている生徒や、遅刻してくる生徒を教えるのは大変である。北部では、出席はいちばんの関心事である。……我々は本当に遅刻の問題と格闘している。[Preston 2016: 116-117]（筆者訳）

1日おきにしか登校せず、登校しても遅刻する生徒に教師が悩んでいる。

> ... there is alcohol, drugs, food insecurity, domestic violence ... it's people who don't have money to feed their children. ... the issue of attendance needs to be viewed as a part of a larger social problem.
> （イヌイット社会には）アルコール、麻薬、家庭内暴力などの問題がある。……イヌイットは子供を養うのに必要なお金を持ち合わせていない人々である。欠席の問題は、より大きな社会問題の一部として考えねばならない。[ibid.: 117-118]（筆者訳）

しかしながら、教師はまた、出席率の悪さはアルコール、麻薬中毒、食料不足、家庭内の暴力、貧困などイヌイットの家庭や社会の問題からきていることも認

表 6-2　ヌナブト準州の高校の出席率
(Department of Education, Nunavut 2015 より筆者作成)

場所	高校名	出席率（%）
ケンブリッジ・ベイ	クリニック高校	80.7%
ランキン・インレット	マーニ・ウルジュック高校	86.2%
イグルリック	アタグタールック高校	62.7%
イカルイト	イヌクスク高校	66.6%
ポンド・インレット	ナシビック高校	82.8%
サンキルアック	パーチュアリー高校	77.0%

識している。出席率の悪さ、中退の問題は大きな社会問題の一部として捉えられなければならない。

　イカルイトのイヌクスク高校（Inuksuk High School）の出席率は 66.6％であり、小学校の出席率は 90％、中学校の出席率が 80.6％である［Department of Education, Nunavut 2015: 53］。中学校から出席率が少し悪くなり、イカルイトの高校では約 3 分の 1 が出席していない。ヌナブト準州の高校の出席率を、教育省の報告書にもとづき表 6-2 に示す。イカルイトの高校の出席率は、同じキキクタルック（Qikiqtaaluk）地方のイグルリック（Igloolik）の高校に次いで悪い。イカルイトはほかの地域に比べてイヌイットの比率が低い（約 60％）が、白人や移民なども多く、就職の機会も奪われているなどストレスが多いのも一因かもしれない。

　出席率が悪く、高校を中退するイヌイットが多い一方で、上級学校に進む高学歴のイヌイットも増えている。筆者が面接したイカルイトのイヌクスク高校長の話では、4 分の 1 が白人の生徒であり、卒業生の約半数が大学などに進学するとのことであった。イヌイット全体の大学卒業率は 5.1％なので、イカルイトのイヌクスク高校はエリートの多い進学校で、イヌイット社会全体からみると、特殊なケースである。

(3) イヌイットの学力

　イヌイットの多いヌナブト準州の先住民は、カナダのなかでいちばん英語識字力、基本的計算力が低いことが、全国共通テストの結果をまとめた表 6-3 からわかる。とくに基本的計算能力が低いが、長年イヌイットの生活ではあまり計算など必要でなかったことも大きな理由である。大村［2013: 68］は近代科学

表6-3 州別先住民、非先住民の能力
(Statistics Canada 2015: 21 より作成)

	識字能力		計算能力	
	先住民	非先住民	先住民	非先住民
カナダ全体	260	274	244	266
オンタリオ州	269	276	252	267
マニトバ州	259	276	245	267
サスカチュワン州	248	274	232	266
ブリティシュコロンビア州	266	275	250	267
ユーコン準州	242	288	224	274
北西準州	229	280	210	271
ヌナブト準州	207	290	187	279

とイヌイットの伝統知識を比較し、前者は定量的、合理的、分析的、客観的、厳密で固定的であるのに対し、後者は定性的、直観的、全体的、主観的、柔軟であると、その違いを説明している。西欧の近代科学とイヌイットの伝統知識は、このように対照的な特性を示しているので、西欧的な尺度のみでイヌイットの学力を測ることには問題がある。イヌイット社会では長年、食料分配などのさいにもあまり細かく計算せず、おおまかに行ってきたので、計算が苦手のイヌイットが多い。よくいえば、定量的ではなく、定性的である。

　また、英語識字率が低いのは、高校中退者の多くは、英語の習得ができていない場合が多いこと、バイリンガル教育がうまくいっていないために、英語、イヌイット語の習得がうまくできていない生徒が多いことが要因として考えられる。

第 7 章
イヌイット語の現状

1.（準）州と連邦政府の公用語法

　連邦レベルでは、1969年にカナダの公用語法ができ、英語とフランス語が公用語であることが規定されている。カナダでは言語問題をめぐって、しばしば州や準州と連邦政府の間に軋轢が生じることがある。連邦レベルでは2公用語であるが、各（準）州では必ずしも2公用語が対等ではなく、実情が異なる状況にあるからである。たとえばマニトバ州では、1870年ごろは同州の約半数の住民がフランス系であり、「マニトバ法」を制定し、英語とフランス語に同等の地位を認めた。しかし、その後20年の間に大量の英仏以外の移民が同州に押し寄せ、フランス系は7％になった。1890年にマニトバ州の「公用語法」が制定され、英語のみを同州の公用語とした。州議会や裁判所でフランス語の使用が禁止され、教育も英語のみで行われた。しかし、このマニトバの公用語法は、1867年憲法の英仏語に同等の地位を与える立場を無視したとして、大反発を買った［長谷川 2002: 172］。マニトバ州は1896年には妥協案として、10人の生徒がいれば、英語以外のフランス語またはほかの言語でバイリンガル教育を受けることができることとした。1896年のマニトバ州のバイリンガル教育は、フランス語、ドイツ語、ウクライナ語、ポーランド語と英語のバイリンガル教育であった。これが有名な「マニトバ問題」であり、州と連邦に軋轢があった事例である。

　次に州と連邦の方針の食い違いがみられたのは、ケベック州である。ケベック州にはカナダ総人口の約25％が住むが、同州の780万人あまりの住民のう

ち約 703 万人がフランス系である［長谷川 2015: 138-139］。数のうえではフランス系が多数派であったが、実質的に英語系に支配されるという状況に長い間甘んじてきた。ケベック州はフランス語の優位性を明確にした「フランス語憲章」を 1977 年に制定した。同憲章には、「フランス語がケベックの公用語である」と明記されている。ここでは、カナダの公用語の英語が無視され、連邦政府との間に亀裂が生じた。「フランス語憲章」は憲法違反であり、法的拘束力の強さと強引な施行のために改訂を余儀なくされた。

　2008 年 6 月にヌナブト準州の公用語法がヌナブト準州議会で決定され、2009 年にカナダ連邦の下院で承認された。同公用語法は北西準州の公用語法を受け継いでいるので、北西準州の公用語法をみていくこととする。

　北西準州では 1970 年に、連邦政府議会により北西準州法（Northwest Territories Act）R.S.C. 1970, c. N-22 が定められた。同準州における英語と 6 先住民言語について述べられていたが、フランス語の地位が述べられておらず、憲法の英仏 2 公用語制定の観点から問題となった［Fraser and Nolin 2009: 5］。さらに、1982 年憲法で、より明確に連邦政府の公用語として英語、フランス語が確認された。1984 年の北西準州新公用語法には、フランス語および英語とともに、6 先住民言語（Chipewyan, Cree, Dogrib, Gwich'n, Inuktitut, Slavey）が北西準州の公用語であることがはっきり述べられている。連邦政府は、同準州の公用語としてのフランス語に関する費用を負担することに同意した。北西準州では、実際にはフランス系は少なく、六つの先住民言語を話す先住民が多かったが、1984〜1989 年にかけて 6 先住民言語の保持と推進に 1,600 万ドルを提供することにも同意した［ibid.: 7］。また、連邦政府は、同準州の公用語を変えるには連邦議会の承認が必要であることを規定した。

2. ヌナブト準州の公用語法

　1999 年に北西準州東部のイヌイットの多い地域がヌナブト準州となったが、同準州は 85％がイヌイットである。ヌナブト準州独自の公用語法が検討され、ヌナブト準州ではイヌイット語、英語、フランス語がヌナブト準州の公用語であると規定した新公用語法が、2008 年にヌナブト準州議会で、翌 2009 年には

連邦議会で決議された。同法第3条には公用語について述べられている。

> Official Languages
> 3. (1) The Inuit Language, English and French are the Official Languages of Nunavut.
> Status
> (2) To the extent and in the manner provided under this Act, the Official Languages of Nunavut have equality of status and equal rights and privileges as to their use in territorial institutions.
>
> 公用語
> 3.（1）イヌイット語、英語、フランス語がヌナブトの公用語である。
> 地位
> （2）この法で提供される程度と方法で、ヌナブトの公用語は同等の地位と、準州機関での使用に関して、同等の権利、特権を持つ。（筆者訳）

ヌナブト準州の公用語はイヌイット語、英語、フランス語であり、これらの地位は同等で、準州内の言語使用に関しても同等の権利と特権を持つと書かれている。また、イヌイット語は同準州東部、中部等でおもに使われているイヌクティタット（Inuktitut）と、西部の一部で使われているイヌイナクタン（Inuinnaqtun）をさす。

> The new Act essentially gives the "Inuit Language" which is defined as Inuktitut for most of Nunavut and as Inuinnaqtun in some of Nunavut's Western communities, the same status as English and French for the purpose of providing territorial government services.
>
> この新法は、ヌナブトの大部分で使われているイヌクティタットとヌナブトの西部の一部で使われているイヌイナクタンとして定義される「イヌイット語」に、準州政府のサービス提供のために、英語、フランス語と同等の地位を与える。[ibid.: 2]（筆者訳）

また、同法の前文には次のように書かれている。

Preamble

Affirming that, contrary to past practice in which the Inuit Language was legally, socially and culturally subordinated in government and elsewhere, it is desirable that the Inuit Language be recognized as

(a) the indigenous language of Nunavut

(b) the spoken and preferred language of a majority of Nunavummiut

(c) a defining characteristic of the history and people of Nunavut and

(d) a necessary element

 (i) the improvement of Inuit social, economic and cultural well-being, as contemplated by the Nunavut Land Claims Agreement, and

 (ii) the development of the public service, and of government policies, programs and services, as contemplated by the Nunavut Land Claims Agreement;

前文

イヌイット語が法的、社会的、文化的に政府やほかの場所で従属的であった過去の慣習とは対照的に、イヌイット語は次に述べるとおり認められる：

(a) ヌナブトの先住民の言語として。

(b) ヌナブトの大多数で話され、好まれている言語として。

(c) 歴史とヌナブトの人々の特徴を表す言語として。

(d) 次の必要な要素として。

（ⅰ）ヌナブト協定にあるとおり、イヌイットの社会的、経済的、文化的幸福の推進。

（ⅱ）ヌナブト協定で意図されているとおり、公的サービス、政府の政策、プログラム、サービスの発展。(筆者訳)

イヌイット語はヌナブト協定にもとづく大多数のヌナブトの住民の伝統的な言語なので、従来の従属的な立場ではなく、イヌイットの社会的、経済的、文化的な言語として認めることが望ましいと書かれている。ここに、イヌイット語

とイヌイットの文化が承認を得た。また、ヌナブト準州の公用語法実施にあたり、言語コミッショナー（Languages Commissioner）が任命されること（第16条）が述べられている。ヌナブト準州で公用語の権利、地位などが認識され、公用語に対して敬意を払うことが遂行されているかを確認するために、行動や方策を講じることが言語コミッショナーの仕事であり義務であると書かれている（公用語法、第16条）。また、言語コミッショナーは必要に応じてイヌイットの長老に相談できることも第21条に書かれている。とくにイヌイットの伝統知識（IQ）などに関して、長老に相談することが多いようである。

21. Elders

(2) The Languages Commissioner may consult with or engage Elders for assistance with dispute resolution, or for the purpose relating to Inuit Qaujimajatuqangit in the exercise of the powers and performance of the duties of the Languages Commissioner that the Languages Commissioner considers appropriate.

第21条　長老

(2) 言語コミッショナーは、自ら適当だと判断した場合、義務と権力を行使して、長老にイヌイットの伝統知識（IQ）に関して、相談したり、議論での解決に加わってもらってもよい。（筆者訳）

ヌナブト準州の新公用語法では、イヌイット語、英語、フランス語が公用語であり、同準州の州議会、法廷、準州政府のサービスの言語であると述べられている。一見、この三つの言語は同等のようにみえるが、同法をよく読むと、イヌイット語は英語、フランス語と微妙に異なった地位にあることがうかがえる。たとえば同法第4条（1）では、準州議会の議論は3言語のどれによってもなされると述べられているが、第4条（2）の準州議会の記録、第5条（1）（2）の準州議会の議事録や刊行物の出版にさいしては微妙な違いがある。

LEGISLATIVE ASSEMBLY

Proceedings of Legislative Assembly

4. (1) Everyone has the right to use any Official Language on the debates and other

proceedings of the Legislative Assembly.

Records and journals

(2) Records and journals of the Legislative Assembly shall be printed and published in English and French and both versions are equally authoritative.

Records and journals in the Inuit Language

(2.1) The Speaker, on the recommendation of the Management and Services Board, may

(a) require that an Inuit Language version of a record or journal of the Legislative Assembly be published; …

準州議会

準州議会のやり方

4.（1）誰もが準州議会の議論および進行の際に公用語を使う権利を有する。

記録と刊行誌

（2）準州議会の記録と刊行誌は、英語とフランス語で印刷され、発行されるが、両方は同等の権威を持つ。

イヌイット語での記録と刊行誌

（2.1）管理・サービス委員会の推薦において、話し手は（a）準州議会の記録と刊行誌のイヌイット語版の出版を要求できる。（筆者訳）

準州議会の議事録の記録などは英語とフランス語で出版されるが、話し手が望めばイヌイット語でも出版されるとあり、英語とフランス語が主流であるという姿勢がうかがえる。準州議会の議員は、筆者が現地のインタビューで聞いた話では、1名はヌナブト準州に長く住んでいる白人のカナダ人だが、残りは全員イヌイットであるとのことであった。イヌイットの議員が多数であるにもかかわらず、記録や刊行物は英語とフランス語で出版されることに関して、やはり連邦政府の力を感ずる。レベスク（F. Levesque）［2014: 127］は、ヌナブト準州が北西準州の官僚的な体質を受け継いでいることを"Nunavut inherited all of the bureaucratic structures of the Northwest Territories"（ヌナブトは北西準州の官僚的な構造をすべて受け継いでいる）と指摘している。

イヌイット語はヌナブト準州の公用語であるが、カナダの公用語の英語、フ

ランス語とはやや異なる地位にあることは、予算の分配、学校の設立にも見受けられる。国勢調査［Statistics Canada 2011］によれば、ヌナブト準州の人口31,695人のうち、イヌイットは27,080人、フランス系（French origins）は混血を含めて1,045人である。イヌイットに比べフランス系が圧倒的に少ないにもかかわらず、ヌナブト・トゥンガビック法人（Nunavut Tungavik Inc.）の2009～2010年度の報告書［Nunavut Tunngavik. Inc. 2011: 24］によれば、2008～2009年のイヌイット語への予算が1,100,000ドルであったのに対して、フランス語への予算は1,650,000ドルであり、イヌイット語への予算が過去5年間変わらないのに対して、フランス語への予算は2005～2006年に比して200,000ドルの増加となっている。また、ヌナブト準州都イカルイトには小学校が3校、中学校が1校、高校が1校ある（Apex地区を除く）が、小学校3校のうち1校はフランス系の小学校（Ecole des Soleils）である。ヌナブト準州成立以来、オタワの連邦政府はヌナブト準州にはカナダで唯一フランス系の学校がないことを理由に、2001年に生徒が20名以下のフランス系の小学校を420万ドルかけて建設した［Dorais and Summons 2002: 78-79］。これは国家の政策が地方に影響を与えた例といえよう。

　イヌイットの多いヌナブト準州の公用語法で、イヌイット語、英語、フランス語が同等にヌナブト準州の公用語であると述べられている一方で、第4条(1)、(2)では、連邦政府の2公用語とイヌイット語に微妙な違いがあることが明記されている。また人数の少ないフランス系のために小学校を建て、フランス語への助成金のほうがイヌイット語へのそれより多いことなどから、連邦政府が公用語の英語とフランス語をより重視している姿勢がうかがえる。

3. イヌイット語保護法

　ヌナブト準州内でのイヌイット語の重要性を鑑みて、イヌイット語保護法が2008年9月に発効され、少しずつ内容が追加されていった。前文ではイヌイット語の重要性が述べられている。

Preamble

Considering the importance of the Inuit Language

(a) as a cultural inheritance and ongoing expression of Inuit identity both in Nunavut communities and in the wider circumpolar world,

(b) as the fundamental medium of personal and cultural expression through which Inuit knowledge, values, history, tradition and identity are transmitted,

(c) to the development of the dynamic and strong individuals, communities and institutions in Nunavut that are required to advance the reconciliation contemplated by the Nunavut Land Claims Agreement,

(d) to support the meaningful engagement of Inuit Language speakers in all levels of governance and in socio-economic development in Nunavut, and

(e) as a foundation necessary to a sustainable future for the Inuit of Nunavut as a people of distinct cultural and linguistic identity within Canada.

前文

イヌイット語の重要性を次のように考える。

(a) ヌナブトのコミュニティと環北極地域の両方において、文化継承とイヌイットのアイデンティティの現在の表現手段として。

(b) イヌイットの知識、価値、歴史、伝統、アイデンティティが、それによって伝えられる個人的、文化的表現の基本的な手段として。

(c) ヌナブト協定によって意図されている和解を進めるために必要なヌナブトの強力な個人、コミュニティ、機関の発展のために。

(d) ヌナブトのあらゆるレベルの管理および社会・経済の発展において、イヌイット語の話し手が意味ある参加ができるように支持するために。

(e) ヌナブトのイヌイットがカナダのなかで、明確な文化的、言語的アイデンティティを持つ人々として維持できうる未来に必要な基礎として。

(筆者訳)

イヌイット語は文化遺産、アイデンティティの表現として、またイヌイットの知識、価値、歴史や伝統を表現する基本的な手段として、ヌナブト協定で認められている調停事項の推進に必要な個人、地域、組織の発展のために、ヌナ

第7章　イヌイット語の現状

ブトのイヌイット語の話し手の社会、経済的参加を支持するために、そして未来に向けてヌナブトのイヌイットをカナダ内の明確な文化的、言語的なアイデンティティを持つ人と位置づけるために必要な基礎として、イヌイット語の重要性を述べている。第3条では広告や標識でのイヌイット語の表示、イヌイット語での準州内のサービス（緊急のさいのサービス、健康や医療のサービス、ホテルやレストランでのサービスなど）、イヌイット語による公共の知らせや毎月の請求書、イヌイット語による準州政府との契約、イヌイット語によるヌナブト法廷での市民の要求などが規定されている。一部のみ条文より引用する。

Inuit Language Services and Use

Duties of every organization

3. (1) Every organization shall, in accordance with this section and the regulations, if any,

(a) display its public signs, including emergency and exit signs in the Inuit Language together with any other used;

(b) display and issue its posters and commercial advertising, if any, in the Inuit Language together with any other language used;

(c) ensure that the Inuit Language text of its public signs, posters and commercial advertising is at least equally prominent with any other language used; and

(d) provide, in the Inuit Language, its reception services and any customer or client services that are available to the general public.

イヌイット語のサービスと使用

全組織の義務

3. (1) この区分ともしあれば規則に従い、全組織は次のことを行うべきである。

(a) 他の言語とともに、非常口を含めた公的な標識をイヌイット語で表示すること。

(b) 他の言語と同様に、ポスターや商業広告の表示や発行をイヌイット語で行うこと。

(c) 公的なサイン、ポスター、商業広告のイヌイット語の表示がほかの言

語と同等に目立つことを確認すること。
(d) 一般的な公的な場で、受付のサービス、客および顧客サービスをイヌイット語で行うこと。(筆者訳)

また、第 15、16 条にはイヌイット語の発展や標準化のために、イヌイット語オーソリティ（Inuit Language authority）をおくことが述べられている。イヌイット語の推進には標準化を行う必要があるが、イヌイット語オーソリティはイヌイット語に堪能な 5 人以上のメンバーで構成される（第 20 条）。
　以上みてきたように、イヌイット語保護法は、イヌイット語の保護、標準化の推進のために細かく規定された法である。

4. イヌイット語使用の地域差、時代差
(1) ヌナンガット 4 地域でのイヌイット語使用の現状
　カナダのイヌイットの 4 分の 3 は、ヌナンガットの 4 地域に住んでいる。それぞれの地域のイヌイットのイヌイット語使用に関して、モリス（M. Morris）は次の図 7-1 を提示している。
　若い世代にイヌイット語を話す能力がいちばん継承されているのは、ケベック州北部のヌナビックであり、次がヌナブト準州である。ヌナビックでは、年配者と若者にイヌイット語を話せる能力に差がなく見事に保持されている。モリスはその原因を次のように述べている。

> The Nunavik experience clearly shows that the language can be maintained and passed down to subsequent generations. For example, the Kativik School Board in Nunavik ensures that students are taught in Inuktitut until the third grade, at which time they choose English or French as their language of instruction.
> 　ヌナビックの経験は明らかに言語が次の世代まで維持され、受け継がれることを示している。たとえばヌナビックのカティビク学校区では、3 年生までイヌクティタット語で教えられるが、その後は教育言語を英語かフランス語から選択できる。［Morris 2016: 10］（筆者訳）

第 7 章　イヌイット語の現状

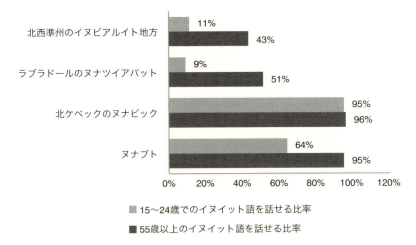

図 7-1　年齢、地域別のイヌイット語を話せる比率（%）
（Morris 2016: 10 をもとに筆者作成）

　ヌナビックの例は言語が次の世代に継承されうることを示しているが、理由としてヌナビックでは、小学校 3 年生までイヌクタット語（イヌイット語の主要な方言）を教育言語として教育が行われていることと、イヌイット語の教員養成が充実しているためであるとしている。またモリスは、ヌナビックに比してヌナブト準州では、イヌイットの教員不足などからバイリンガル教育が満足するレベルで行われていないと指摘している［ibid.: 10］。ヌナブトのバイリンガル教育に関しては後述するが、ヌナビックではマギル大学と提携した教員養成プログラムでイヌイットの教員養成に力を入れており、とくにイヌイット語で養成課程の教育が行われたことに関して次のように述べられている。

　　With the help of a generous grant from the Minister de l'Education, a four step process has been developed whereby Inuit graduates of the program learn to develop and present courses in Inuktitut to their confreres without intervening translation to or from English and Inuktitut. This has had a measurable effect on both the morale and competence of unilingual (Inuktitut) trainees who can achieve full certification in their own language.

　ケベック州教育省の寛大な補助金のおかげで、4 ステップ過程を開発で

きた。プログラムのイヌイットの卒業生は、英語からイヌクティタット語への翻訳を介在しないで仲間にイヌクティタット語で授業（コース）の発表をすることができる。このことは、自分の言語で完全な資格をとるモノリンガルな学生の意気込みと能力達成の両方に、かなりの効果をもたらしてきた。［Westgate 2002: 96］

　1978年に教員養成の最初の8人のイヌイットに資格が与えられたが、ヌナビックの教員養成課程はイヌクティタット語で行われ、成功したことがうかがえる。その後、1980年代後半にはこの養成課程の卒業生26名のうち25名がヌナビックの教員になり［ibid.: 96］、バイリンガル教育の担い手として活躍する。また、ヌナビックのカティビック学校区は1976年に選挙で委員を選出し、その後3年毎の選挙による改選でイヌイットによる運営が行われ、イヌイット語の保持に成功している［ibid.: 90］。ヌナビックのイヌイット語保持の成功は、学校区でイヌイットによる運営が行われたこと、イヌイット語による教員養成に成功し、バイリンガル教育が的確に行われてきたことなどによる。

　南部を含めたイヌイット全体のイヌイット語を話せる能力は減少傾向にあり、2002年は65％のイヌイットが流暢にイヌイット語を話せたが、2011年にはその数は55％に減少している［Statistics Canada 2011］。若者がイヌイット語を話す能力を保持しているヌナビックに比して、ヌナブトでは若者の3分の1がイヌイット語を話せなくなっている。また、図7-1で明らかなように、ヌナンガットの北西準州の一部のイヌビアルイトとラブラドールの一部のヌナツイアバットでは、10％程度の若者しかイヌイット語を話せなくなってきている。イヌイット語による会話力は、ヌナビック以外では年々低下している。

(2)　ヌナブト準州内のイヌイット語の状況

　ヌナブト準州は、西部のキティクミュート（Kitikmeot）、西南部のキバリック（Kivalliq）、東部のバッフィン島のキキクタルック（Qikiqtaaluk）の三つの地域に分かれている。キティミュート地方は、北西準州に近く、小学校の教育言語は英語であり、家庭でイヌイット語が使われている比率は30％以下である。西南部のキバリックはコミュニティにより言語使用に大きな差があり、ヌナブト

第7章　イヌイット語の現状

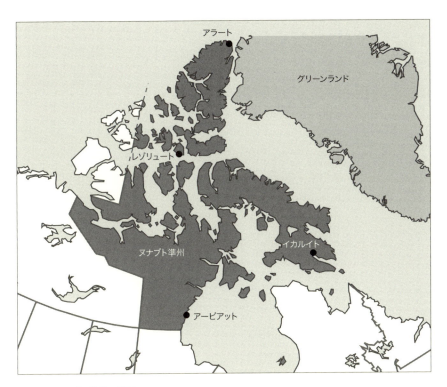

図 7-2　ヌナブト準州の地図
©Wikimedia commons

　第3の都市アービアット（Arviat）ではほとんどの家庭でイヌイット語が使われているが、家庭でのイヌイット語使用率は 50 〜 90％ とコミュニティによって差がある［Tulloch 2009: 142］。若者の 50％ しかイヌイット語を流暢に話せない準州都イカルイトを除くバッフィン島のキキクタルック地方では約 90％ の家庭でイヌイット語が使われていて、若者がイヌイットを話せる能力が高い［ibid.: 142］。

123

第 8 章
イカルイトでの調査の概要とアンケート分析

1. イカルイト

　イカルイトの人口は 7,177 人［Northern News Services 2016］で、全人口にイヌイットの占める割合は約 60％と、ヌナブト準州の 85％よりかなり少ない。1942 年にアメリカの空軍基地がおかれ、第二次世界大戦中に広く利用された。1987 年まではフロビシャー・ベイ（Frobisher Bay）という英語の名前であった。1950 年代の半ばには、DEW Line 建設のために多くの人が集まるようになり、イヌイットも徐々に住み始め、1957 年現在、人口 1,200 人のうち、489 人がイヌイットであった［ibid.］。その後、カナダ政府が医療設備、学校建設などを行い、政府のサービスを受けられる場として、イヌイットが定住するようになった。その後、村、町として認められ、1987 年にはイヌイット語で「魚の多く住む地」を意味するイカルイトという名前に改められた。1995 年には新しいヌナブト準州の準州都に選ばれ、2001 年には市となる［ibid.］。このような歴史を持つイカルイトは、イギリス系、フランス系以外に移民を含むさまざまな人種の入り混じる国際的な準州都である。現在の住民はイヌイットの 60％以外に、白人が 34.3％、黒人が 1.1％、フィリピン人が 0.9％などの順となっている。
　準州都であり、政府、準州政府の機関で英語が使われていること、イヌイットの比率がヌナブト準州の他の地域に比して少ないこと、進学に熱心であることなどの理由で、ヌナブト準州のキティクミュート地域を除くほかの地域に比べて英語の使用率が高い。くわしくは筆者の調査にもとづいて後述する。

2. イカルイトでの調査の概要

　人口がいちばん多いこと、小学校からカレッジまであること、(準州)政府機関、イヌイット協会、準州議会などがあるうえ、競争の激しい地でのイヌイットの今後の道を考慮するためもあり、調査対象にイカルイトを選んだ。

　筆者が2016年9月にイカルイトで行ったアンケート(questionnaire)、インタビュー、参与観察と文献、資料にもとづくトライアンギュレーションで、現在のイカルイトのイヌイットの言語状況をまず把握する。

(1) アンケート調査

　アンケートは次のかたちで行われた。

　　実施場所：カナダ・ヌナブト準州都イカルイト
　　ヌナブト北極カレッジ、イヌイット協会、ヌナブト準州政府教育省
　　(ヌナブト北極カレッジではおもに食堂で個別に依頼する形式であったが、学生のみならず一般にも食堂は開放されているので、多様な職種の人からも回答が得られた)
　　実施方法：個別に依頼
　　実施対象：イヌイット　61名
　　　回答者の男女別は男性24名、女性37名
　　　有職者36名、大学生20名、高校生3名、無職2名

(2) アンケートの内容

　アンケートは20項目であるが、最後の20問目のみ記述式で、次の内容である。

　　20. If you wish to say anything about Nunavut, please write below.
　　　もしあなたがヌナブトに関して言いたいことがあれば、下に書いてください。(筆者訳)

この質問は自由記述なので、質的研究として必要に応じ本書で使われる。

第8章　イカルイトでの調査の概要とアンケート分析

　残りの 19 問は、（　）にチェックをしてもらう形式であったが、そのうちとくに本書で使用した質問は次のとおりである。男女別は質問の最初にチェック欄をつくった。

1. 仕事を持っているか否か。持っている場合はどういう仕事か。（記述式）持っていない場合は将来どういう仕事に就きたいか。（記述式）
2. 年齢は？（記述式）
5. あなたの小学校の初期段階の教育言語は？（英語、イヌクティタット、その他より選択）
7. 現在のあるいは将来の仕事にイヌイット語は必要か。
8. 家庭でおもに使っている言語は？（英語、イヌクティタット、その他より選択）
9. 職場、あるいは学校でおもに使用している言語は？
   （英語、イヌクティタット、その他より選択）
10. 英語の新聞が読めるか否か。
11. イヌクティタット語で書かれた新聞が読めるか否か。
12. あなたは自分をバイリンガルだと思うか否か。
13. もし前問でバイリンガルでないと答えた場合は、あなたのいちばん得意な言語は？（英語、イヌクティタット、その他より選択）
14. ヌナブトの小学校のバイリンガル教育は成功しているか否か。（選択）
15. ヌナブトの学校教育にイヌイットの文化を入れるには、どういう内容が適切だと思うか。（歴史、伝統技術、その他は記述式）
16. あなたは自分の子供（あるいは若者）にどの言語に堪能になってもらいたいか。（英語、イヌクティタット語、その他より複数選択可）
17. 言語に関して、イヌイットはどれがいちばんいいと思うか。
    （英語とイヌクティタットのバイリンガル、英語により堪能、イヌクティタットにより堪能より選択、その他は記述式）
19. 高校中退のおもな理由は？（10 代の妊娠、仕事不足、麻薬の使用、住宅事情の悪さ、食料不足より複数選択可、その他は自由記述）

上記の質問の分析結果は本章で考察する。上記以外の質問は分析に使用しない

表 8-1　インタビューを行った人の内訳

	20代	30代	40代	50代	60代
	5名	6名	8名	2名	2名
男性	3	0	2	2	1
女性	2	6	6	0	1

のでここでは述べないが、現地で使った英語のアンケートを付録1に掲載する。

(3) インタビュー調査

インタビュー調査は、イカルイトの2小学校、中学校、高校の校長と一般のイヌイットに対して行った。校長にはこちらで質問事項を作成し、適宜自由に話してもらう半構造的インタビュー（semi-structured interview）を行った。一方、一般のイヌイットにはなるべく自由に話してもらい、適宜こちらからも質問する形式であった。

校長には、生徒数、バイリンガル教育の状況、小学校では、イヌイット語ストリームと英語ストリームの履修者の割合、ほかにイヌイット文化の教育への導入などについて質問した。場所は、校長は各学校の校長室、一般のイヌイットはヌナブト北極カレッジ、イヌイット協会、準州政府機関、街角などである。インタビューをした人数は、校長4名、一般23名である。インタビュー結果は第9章でくわしく述べる。一般のインタビューを行った人の年齢別は、表8-1のとおりである。

一般のイヌイットへのインタビューでは自由に話してもらったので、個人的なことも多かった。そのため、インタビューのなかから本書に必要であると筆者が判断した内容に限定して述べる。

(4) インタビューの内容

インタビューに関して、4人の校長にはおもに次の内容で行った。
1) 生徒の総数とイヌイットの生徒のだいたいの割合
2) 教員構成とそのうちのイヌイットの教員の数
3) 教育言語の実情、小学校の場合、英語ストリームとイヌイット語ストリームを選択している生徒の比率

4) 科目としてのイヌイット語教育の実情
5) 出席率、高校では退学率およびその理由
6) 高校では上級学校への進学状況

その他、インタビューしながら臨機応変に質問した。

校長以外は、10代、20代、30代、40代、60代の仕事を持っているイヌイット、ハーフのヌナブト北極カレッジ司書（30代）などにインタビューした。内容は、自身の経験、言語状況に関する考え、過去に対する気持ちなどさまざまであり、なるべく本人に自由に話してもらった。言語状況に関しては、不満の声が多かった。インタビューは許可を得てボイスレコーダーで記録し、その日のうちに書きおこし、ノートに記録した。インタビューの時間は30分から1時間であった。

(5) 参与観察

参与観察は言語の使用状況を観察するため、イカルイトのスーパーマーケット、食堂、学校、イヌイット協会、ヌナブト北極カレッジ、準州政府機関、ホテル、教会、イカルイト市内などで行われた。職場の仲間どうしの会話、父兄どうしの会話、友人間の会話、広告や標識の状況などを観察した。

ホテルでは地方出身のイヌイットも多く、イヌイット語での会話も多く聞かれた。また、学校での30代の母親どうし、食堂での年配のイヌイットどうしの会話では、イヌイット語が用いられていた。イヌイット協会では、受付嬢などは英語があまり理解できなかったが、個室を持つ職員はみな英語が堪能であった。学歴などによる個人差があると感じた。ヌナブト準州教育省の職員は、イヌイットも英語に堪能であった。教会では、一部イヌイット語での会話も聞かれたが、説教も英語であり、英語の会話が多かった。広告や標識はイヌイット語と英語で書かれている場合が多いが、英語のみの広告も見受けられた。

3. アンケートの分析

(1) 回答者の職業および年齢

アンケート回答者の職業別人数は図8-1に、年齢別人数は図8-2に示すとおりである。回答者は半分以上が有職者であり、次に全体の約3分の1はヌナブ

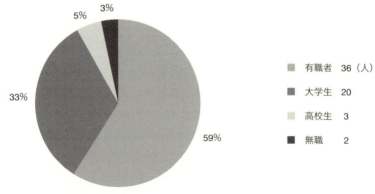

図 8-1　回答者の職業別人数
(アンケート結果にもとづき筆者作成)

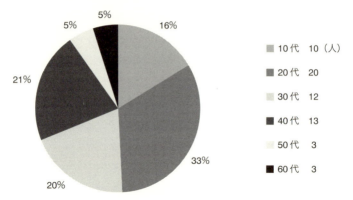

図 8-2　回答者の年齢別人数
(アンケート結果にもとづき筆者作成)

ト北極カレッジの学生である。高校はヌナブト北極カレッジの道路を隔てた場所にあるので、高校生もヌナブト北極カレッジの食堂に来る。今回のアンケートに協力してくれた高校生は 2 名で、全体の約 5％を占めている。無職者は、主婦が子供連れで食堂にやってきていたケースである。

　年齢別では、20 代が 20 名で全体の約 3 分の 1 といちばん多く、40 代の 13 名、30 代の 12 名、10 代の 10 名がそれに続く。50 代、60 代はそれぞれ 3 名と少ないが、インタビューの結果で補いたい。前述したように、ヌナブト準州は若い人が多いうえ、50 代以上は家にいる場合が多く、ヌナブト北極カレッジの食

堂などに来る機会は少ないとのことである。

(2) イカルイトの家庭言語の時代別比較

まず、ドレ（L. J. Dorais）とサモンズ（S. Sammons）の調査結果［Dorais and Sammons 2002］と筆者の調査結果の比較を行う。ドレとサモンズの家庭での言語使用状況調査は、1998年にイカルイトの45人のイヌイットの家庭での参与観察にもとづき、イヌイット語の使用状況を分析している。筆者の調査は61名のイヌイットへのアンケートの結果なので、数にあまり差がないことと、イカルイトでの調査結果が少ないことなどから、両者を比較しおおまかな時代による違いを把握する。ドレとサモンズは1998年のイカルイトのイヌイットの家庭でイヌイット語が使用されている割合を、表8-2のように報告している。1998年当時は、イカルイトの約3分の2の家庭でイヌイット語が使用されていた。やや女性に英語とイヌイット語のコード・スイッチング（code-switching）が多いが、あまり男女差はない。一方で、1998年時点でイカルイトの20％あまりの家庭で英語が使われていた。

筆者の調査にもとづいた2016年のイカルイトの家庭での言語使用は表8-3のとおりである。ドレとサモンズの表8-2と比較し、家庭でのイヌイット語使用が減少し、英語が使われるようになったことが判明した。表8-3からわかるとおり、イカルイトでは2016年現在イヌイット語を家庭で使用する率が、1998年の半分近くとなっている。男性のほうが家庭でより英語を使う傾向にあるが、英語を習得して、競争の激しいイカルイトでよりよい職業に就きたい

表8-2　1998年のイカルイトの家庭での使用言語率
（Dorais and Sammons 2002: 37 より筆者作成）

	イヌクティタット	英語	コード・スイッチング	仏語	全体
男性	68.0	21.4	10.1	0.5	100%
女性	66.6	20.6	12.7	0.1	100%

表8-3　2016年のイカルイトの家庭での使用言語率
（筆者の調査にもとづき作成）

	イヌクティタット	英語	コード・スイッチング	仏語	全体
男性	33.3	50.0	16.7	0	100%
女性	35.2	32.4	32.4	0	100%

との思いが強いと推察される。女性では、英語とイヌイット語の使用はほぼ同じ割合であり、英語とイヌイット語の両方を使用し、コード・スイッチングを行っている場合も多い。現地での面接で、コード・スイッチングの内容について尋ねたが、英語の会話のなかにイヌイット語が入ったり、イヌイット語の会話のなかに英語が入る場合や、イヌイット語で会話をしていても子供が英語を望むので、英語に切り替える場合などがあるとのことであった。

イカルイトでは過去17年間で英語化が進み、筆者の調査では、家庭でイヌイット語を使用している割合は約3人に1人である。イヌイット語保持の立場からは、たいへん厳しい現状である。

(3) イカルイトのイヌイットの家庭での年齢別使用言語

イカルイトでは2016年現在家庭でイヌイット語を使用しているのはイヌイットの約3分の1であることを男女差で示したが、ここでは年齢別に考察する。

筆者の調査は10代から60代に行ったもので、年齢別に分析すると図8-3の調査結果が得られた。年齢別には、20代のアンケート協力者が20名といちばん多く、40代の13名、30代の12名が続く。50代、60代はそれぞれ3名と少ないが、インタビューやアンケートの自由記述欄で補っていきたい。

50代、60代は、連邦政府で英語による同化教育を受け、急激な変化を経験し、苦労した世代である。家庭や地域ではイヌイット語が使用され、イヌイット文化も残っており、イヌイットとしてのアイデンティティを強く抱いているという印象を受けた。40代以上は、イヌイット語と英語のバイリンガルであることがわかる。30代は家庭でイヌイット語を使う率が非常に高い。この年齢は、北西準州時代にイヌイットと英語のバイリンガル教育を受け、イヌイット語教育が徹底していたことがうかがえる。

全体としてはやや英語のほうが多いが、年齢によりかなり使用言語が異なる。30代の家庭でのイヌイット語使用が顕著である。20代は家庭で英語を使う率が高い。わずかの年齢差であるが、この違いはどこからきているのであろうか。図8-3で20代のイヌイットが家庭で英語を使用している率が高いが、この年齢層は北西準州の終わりごろかヌナブト準州の初期に小学校教育を受けた。イヌイット語のバイリンガル教育よりも、英語の習得に関心が強かった世代であ

第 8 章　イカルイトでの調査の概要とアンケート分析

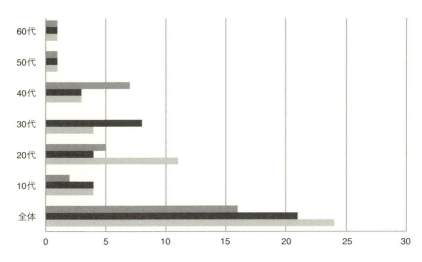

	全体（人）	10 代	20 代	30 代	40 代	50 代	60 代
■ 両方	16	2	5	0	7	1	1
■ イヌイット語	21	4	4	8	3	1	1
英語	24	4	11	4	3	1	1

図 8-3　回答者の年齢別人数
（アンケート結果にもとづき筆者作成）

る。とくにイカルイトでは、三つのモデルのうち二重モデル（dual model）を採択しており、英語ストリームをとった生徒のイヌイット語の授業時間数は少ないうえ、イヌイット語ストリームも十分なバイリンガル教育が行われていないことが判明している。

　将来を担う 20 代の若者が家庭でイヌイット語を使う率が低い原因は、教育以外にテレビとインターネットの影響も大きいと考えられる。北部はツンドラ地帯であることもあり、各コミュニティには南部ともほかのコミュニティとも結ぶ道路がなく、インターネットが貴重なコミュニケーション手段となっている。インターネットでは英語を使う場合が多い。また、テレビはほとんど英語の放送である。一部イヌイット語の放送もあるが、英語に比べると少ないうえ、一般的な伝達などおもしろい番組ではない。イヌイット語の放映を増やすことも大切であろう。

30代のイヌイット語使用が目立つが、この年代は北西準州時代に小学校教育を受けた。筆者が行った30代後半の女性への面接では、「我々が教育を受けた北西準州では、小学校4年生まできちんとイヌイット語が教えられ、イヌイット語のリテラシー（読み、書き能力）も身についた。ただ、小学校5年生から急にほとんどの科目が英語で教えられ始め、大変だった」とのことである。1人は「大変だったが私の場合、両親と家庭がしっかりしていたので、頑張り、英語を習得することができた」とのことである。ちなみにこのインタビューイーは、ヌナブト北極カレッジを卒業し、英語とイヌイット語のバイリンガルでイヌイット協会の管理的な仕事をしている女性である。また、参与観察でも30代のイヌイット語使用が目立った。とくに30代の女性どうしは、イヌイット語で話す場面が多く観察された。

　40代は北西準州初期かそれ以前の連邦政府の小学校で学んでいる。50代、60代の数は少ないが、連邦政府の学校で学んだ世代である。40代の一部と50、60代は、連邦政府の学校で英語のみによる教育を受けたが、家庭や地域ではイヌイット語が使用されていたため、英語とイヌイット語の両方に堪能なバイリンガルである。言語保持に役立つのは、教育政策ばかりではなく、家庭や地域での言語使用が大切であることを証明する事例である。

　10代に関しては、家庭で英語、イヌイット語を使う率はこの調査によると半々であり、20代よりイヌイット語使用の率が高い。最近、イヌイット語消滅への危機感が強くなっているとのインタビューイーの話もあるので、イヌイット語使用を心がけているのであろうか。

　以上、筆者の調査を中心にイカルイトのイヌイットの家庭での使用言語をみてみたが、若い世代とくに20代にイヌイット語を使用しないで英語を使用する若者が増えていること、過去の北西準州時代のイヌイット語バイリンガル教育で、30代はイヌイット語を保持している率が高いこと、40代、50代、60代は公立小学校では英語による教育であったが、家庭、地域でイヌイット語が使われていたため英語とイヌイット語の両方に堪能であることなどが判明した。

(4) イカルイトのイヌイットの職場、学校での言語使用状況

　ドレとサモンズ［Dorais and Sammons 2002］によると、1998年現在の職場での

言語使用は表 8-4 のとおりである。「ホテルや店」では、英語の使用が 90％台と圧倒的に多く、ヌナブト準州オフィスでは英語が主流で 60％台であるが、イヌイット語も 20％あまり使用されていた。連邦政府のオフィスや裁判、法的サービスは、英語のほうが 50％くらいで多いが、イヌイット語も 30％前後使用されていたことがわかる。イヌイット協会などの先住民の事務所以外では、1998 年の時点ですでに英語のほうが主流であったことがうかがえる。

次に、ドレとサモンズは、1998 年現在のイカルイトの学校での言語使用に関して、表 8-5 のようにまとめている。1998 年現在ですでにイカルイトの 54.8％の小学校 1 ～ 3 年生が、学校で英語を使用していた。学年が進むにつれてイヌイット語を使用する数は減っており、英語が教育言語となる 4 年生には、68％の児童が学校で英語を使用している。1998 年当時は 3 分の 2 の家庭でイヌイット語が使用されていたので、子供たちの多くは家庭ではイヌイット語、学校では英語と使い分け、バイリンガルであったと推察される。また、イカルイトの学校でのバイリンガル教育では、小学校 4 年生になると教育言語がイヌイット語から英語に代わった。子供は学校言語の英語をいかに早く習得するか

表 8-4　1998 年の職場での言語使用
(Dorais and Sammons 2002: 53 より筆者作成)

職場	イヌクティタット	英語	両方（％）
ヌナブト準州政府オフィス I	22	68	10
ヌナブト準州政府オフィス II	21	69	10
ヌナブト準州政府オフィス III	21	64	15
連邦政府オフィス	32	50	18
裁判・法的サービス	28	47	25
コーヒーショップ	29	63	8
ホテルデスク	2	98	0
店のカウンター	6	92	2
イヌイット協会オフィス	64	21	15

表 8-5　1998 年の学校での言語使用
(Dorais and Sammons 2002: 177 の表より筆者作成)

学年	イヌクティタット	両方	英語	計
1 ～ 3 年生	145 (36.4%)	35 (8.8%)	218 (54.8%)	100%
4 ～ 6 年生	65 (25.1%)	18 (6.9%)	176 (68.0%)	100
7 ～ 9 年生	41 (10.6%)	22 (5.8%)	322 (83.6%)	100
10 ～ 12 年生	1 (1.5%)	7 (10.8%)	57 (87.7%)	100

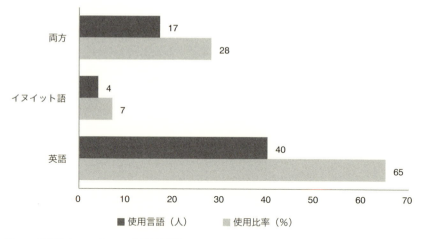

図 8-4 職場やキャンパスでの使用言語状況
(筆者の調査結果より作成)

の典型的な例といえ、英語の習得には成功しているといえる。10 〜 12 年生は高校生であるが、当時は今よりも高校中退率が高かったので、高校まで残っている生徒は、英語を習得できた生徒といえよう。高校に入るとイヌイット語を使用する生徒はほとんどいなくなり、英語のみの会話になったことが表 8-5 からわかる。

　次に、筆者の調査では、職場やキャンパスでの使用言語を問うものであったが、図 8-4 から、2016 年現在の大まかな状況は把握できる。英語を使う場合が圧倒的に多いが、両方を使う比率も高い。イヌイット語保護法では職場でのイヌイット語使用を認めているが、イヌイット協会などほとんどの職員がイヌイットである場合を除いて、英語がおもに使われている。両方という回答にはいろいろな場合が含まれていることが、インタビューの結果明らかになっている。イギリス系などには英語、イヌイットの同僚や友人にはイヌイット語と使い分ける場合や、会話のなかで英語とイヌイット語が入り混じるコード・スイッチングが行われている場合などである。

(5) イカルイトのイヌイットのリテラシー

　ドレとサモンズによると、1998 年時点のイカルイトですでに、学年が進む

とイヌイット語よりも英語でのリテラシー（読み、書き能力）が高くなることが指摘されている。

> The tendency increases in Grade 7 to 9, where fewer and fewer people feel more at ease in Inuktitut than in English. In Iqaluit, 69.5 % of students in these grades find it easier to read in English and 72% to write it.
>
> （ドレとサモンズによると）その傾向は7年生から9年生になると増え、英語よりイヌクティタット語のほうがやさしいと感じる生徒の数はますます少なくなる。イカルイトでは、これらの学年の69.5%は（イヌクティタット語より）英語で読む方がやさしく、書くほうでは72%の生徒が英語のほうがやさしい。[Dorais and Sammons 2002: 27]（筆者訳）

また、イヌイット語のリテラシーを保てない理由として、ドレとサモンズ[ibid.: 67]は、イヌイット語の音節文字（syllabic）を1語ずつ判読するのが難しいためであると述べている。イヌイット語の文字に関しては、音節文字とローマ字の両方が使われているが、音節文字について宮岡伯人は次のように述べている。

> 音節文字のほうは、もとアルゴキアン語族の平原クリー語のために、メソジスト派の伝道師が1840年ごろ考案したものに由来する。この文字は、他のアルゴキアン語族の言語にも急速にひろまっていったが、英国国教会派のペック（E. J. Peck）がこれに若干の新しい記号をくわえ、バッフィン島やハドソン湾の北、東海岸のエスキモー語方言に適用した。[宮岡 1978: 180]

（イヌイット語の音節文字に関しては付録2を参照。）

> Inuktitut syllabics were popularized among Inuit in the eastern Canadian Arctic through the evangelical activities of the Reverend Edmund James Peck. Peck, who was called Uqamaaq by Inuit, proselytized to Inuit in northern Quebec and southern Baffin Island, ... Peck succeeded in his missionary work ...

イヌイット語の音節文字は、英国国教会派の宣教師エドモンド・ジェームズ・ペックの布教をとおしてカナダ北極圏東部のイヌイットの間で広まった。イヌイットに Uqamaaq と呼ばれていたペックは、ケベック北部およびバッフィン島南部のイヌイットをキリスト教に改宗させた。ペックは彼の伝道に成功した。[Stern 2010: 24]（筆者訳）

　また、ペックによって広められたイヌイット語の音節文字を、イヌイットは熱心に学んだことがうかがえる。

　　By the first decades of the 20th century, most Inuit living in what is today Nunavut and Nunavik could read and write using syllabics, a somewhat remarkable fact given that there were no schools in the Candian Arctic at the time. Instead, Inuit taught each other to read and write with syllabics and parents taught their children.
　　20世紀の初めごろまでに、今日のヌナブトとヌナビックに住んでいたイヌイットの大部分は、当時カナダの北部に学校がないというひどい状況にもかかわらず、音節文字を使ってイヌイット語を読み、書くことができた。イヌイットは音節文字で読み、書きすることをお互いに教え合い、親は子供たちに教えた。[Stern 2010: 24]（筆者訳）

　20世紀初頭ごろには、音節文字を使ってイヌイット語の読み、書きを自分たちで学び、子供たちにも教えていたことがうかがえる。
　しかしながら今日では、イヌイット語の読み、書き能力がとくにイヌイットの若い世代で失われつつあることが、筆者のアンケート調査で明らかになった。イヌイット語の文字が音節文字であることに加えて、学校教育のなかでの教材不足もあり、十分なイヌイット語のリテラシー教育が行われていないことや、家庭やコミュニティにもイヌイット語の印刷物が少ないことも原因であると考えられる。また、20世紀の初頭に比べて、イヌイットのイヌイット語に対する意識の違いが感じられる。かつては自分たちの言語に文字ができたことを喜び、みなで学び合っていたが、その後の寄宿学校や平日学校での英語への同化

第8章　イカルイトでの調査の概要とアンケート分析

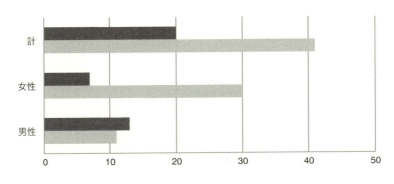

	男性	女性	計
■ 読めない	13	7	20
▨ 読める	11	30	41

図 8-5　イヌイット語の新聞の読解に関する人数
(筆者の調査結果より作成)

教育などで、イヌイットはイヌイット語に対する誇りや愛着を失ったのであろうか。

　筆者の滞在中、イカルイトで発行されている新聞『ヌナツイアック・ニュース』(Nunatsiaq News) を何部も読んだが、イヌイットは新聞をどのように読んでいるのか、という疑問を持った。図 8-5 はアンケートで、イヌイット語の新聞が読めるか否かを聞いた結果である。英語とイヌイット語の読解力を「英語の新聞が読めるか、イヌイット語の新聞が読めるか」という問いで、61 名全員が英語の新聞を読めると答えたのに対し、イヌイット語の新聞を読めないと答えた回答者は約3分の1に達した。男性のほうが読解力が低く、女性のほうが高い。現地の『ヌナツイアック・ニューズ』の記事の5分の3は英語で、5分の2はイヌイット語のイヌクティタット語で書かれている。これらの新聞のイヌイット語の部分を、3分の1のイヌイットは読めないという現実に驚いた。

　年齢別の人数と比率を図 8-6 に示す。20 代がいちばんイヌイット語を読む力が弱く、半分以上がイヌイット語の新聞を読めない状況である。日本の若者にもみられる現象であるが、若者に新聞離れ、文字離れが進んでいることも原因であろう。また、イヌイット語の文字の難しさに加えて、ヌナブト準州のイヌ

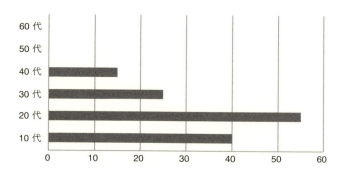

	10代	20代	30代	40代	50代	60代
■ 読めない　比率（％）	40	55	25	15	0	0
読めない　人数	4	11	3	2	0	0

図 8-6　年齢別イヌイット語の新聞の読めない率
（筆者の調査結果より作成）

イット語教育では、十分に読み、書きを教えていないのではないか。北西準州時代は、イヌイット語の読み、書きを行うことを謳っていたが、ヌナブト準州ではイヌイット語の読み、書きは疎かにされていると考えざるをえない。

(6) イカルイトのイヌイット語に対する意識

　イカルイトのとくに 20 代の若者は、家庭でのイヌイット語使用率と、イヌイット語の新聞を読む力がともに低いことが判明したが、イヌイット語に対する意識を考察する。

　筆者による調査の回答者は、職場やキャンパスでは英語を使う場合が 3 分の 2、英語とイヌイット語の両方を使う場合が 3 分の 1 弱であったが、筆者の調査での「(将来の) 仕事にイヌイット語が必要か否か」という問いに対する回答は図 8-7 のとおりであった。3 分の 2 以上が、将来の仕事にイヌイット語が必要であると答えている。実際には職場では英語を使うことが多いが、それでもイヌイットは (将来の) 職場でイヌイット語が必要であると感じている。イヌイット語保護法では、職場でイヌイット語を使う権利が認められているので、将来的な見通しのなかで答えているのであろうか。

第 8 章　イカルイトでの調査の概要とアンケート分析

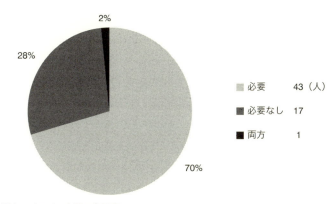

図 8-7　将来のイヌイット語の必要度
（筆者の調査結果より作成）

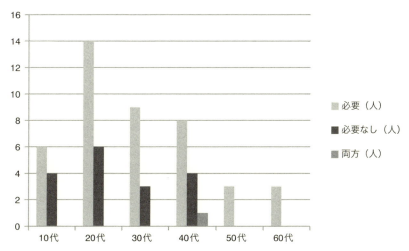

図 8-8　年齢別将来のイヌイット語必要度
（筆者の調査結果より作成）

表 8-6　年齢別将来のイヌイット語の必要度

	10代	20代	30代	40代	50代	60代
必要（人）	6	14	9	8	3	3
必要なし（人）	4	6	3	4	0	0
両方（人）	0	0	0	1	0	0

141

表8-6、図8-8で明らかなように、イヌイット語を家庭で使わず読解力も弱い20代の若者が、将来の職業にイヌイット語が必要であるといちばん多く（70%）答えている。彼らの意識と現実とのずれが見受けられる。

(7) イカルイトのイヌイットの将来の言語に関する意識

　将来のイヌイットの言語に関して、筆者の調査では二つの質問を行った。最初の「自分の子供あるいは一般的に若者に、どの言語に堪能になってほしいか」に関する回答は図8-9のとおりである。英語とイヌイット語、すなわちバイリンガルになってほしいという回答がいちばん多い。イヌイット語により堪能になってほしいという回答は21名で次に多い。英語のみに堪能になってほしいという回答は7名であった。イヌイット語を子供世代に継承し、保持したいというイヌイットの人たちの気持ちが調査結果に表れている。

　次の質問「言語に関して、イヌイットにとってどれがいちばんいいか」に関しては、図8-10のとおりである。回答者のなかには、「難しい質問だな」と回答に悩む者も見受けられた。将来の方向に関して、イヌイットのなかには、どのようにしたらいいのか迷う場合も見受けられたが、おおむね英語とイヌイット語のバイリンガルを望んでいる結果となった。61名中50名が「イヌイット語と英語のバイリンガル」を望んでいる。「イヌイット語により堪能」と答え

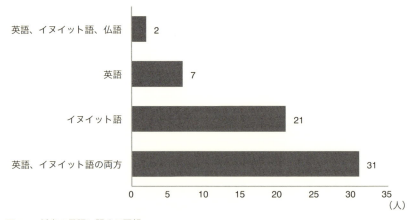

図8-9　将来の言語に関する要望
（筆者の調査結果より作成）

第8章　イカルイトでの調査の概要とアンケート分析

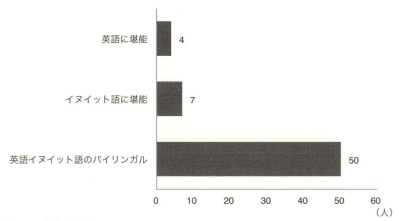

図 8-10　将来の言語
（筆者の調査結果より作成）

た者は7名であり、「英語により堪能」と答えたものは4名と少ない。

　イヌイットの若者の英語化が進んでいる現状ではあるが、彼らのイヌイットとしてのアイデンティティ、イヌイット語に対する思いは強い。イヌイットは英語とのバイリンガルをいちばん望み、次によりイヌイット語に堪能であることを望んでいる。図8-9、10に見受けられるイヌイットのバイリンガルへの思いを、言語、教育政策にもっと反映させるべきではないだろうか。イヌイットの声を反映しにくい教育体制が問題である。

　また、イヌイット自身もバイリンガルになるように、家庭やコミュニティでイヌイット語を使用する努力をすべきである。

(8) 自身のバイリンガルに関して

　「自身がバイリンガルか否か」という質問に対しての回答を次に示す。61名中49名がバイリンガルであると答えているが、20名も英語の新聞が読めない現状とのずれがある。バイリンガルの定義が問題であるが、2か国語の話す、聞く、読む、書くという4技能において対等である場合をさすと定義するので、読む、書く能力が欠けている場合はバイリンガルとはいえない。

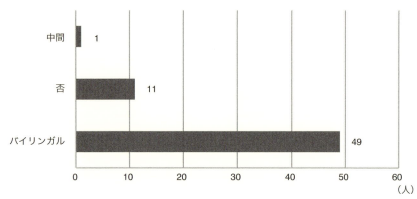

図 8-11　自身のバイリンガルに関して
(筆者の調査結果より作成)

(9) ヌナブトの教育に対する意識

　ヌナブト準州では、教育法にあるように英語とイヌイット語のバイリンガル教育、イヌイットの伝統知識（IQ）にもとづく教育がなされることが規定されているが、現行の教育に関する意見を筆者のアンケートの結果から考察する。
　まず、バイリンガル教育に関して、「現在のヌナブトの小学校でのバイリンガル教育は成功しているか否か」という問いに関する回答は図 8-12 のとおりである。「成功している」の意味は、個人、個人で異なると思われ、質問にやや曖昧な点があったのではと反省している。筆者の立場では、「成功している」とは、バイリンガル人材が育っているという意味であった。

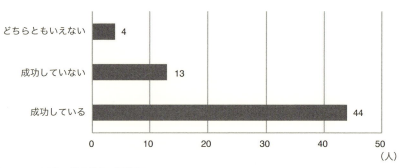

図 8-12　バイリンガル教育の認識度
(筆者の調査結果より作成)

61名中44名が成功していると答えており、13名が成功していないと答えている。筆者の調査では、家庭でイヌイット語を使う率も低く、20代の若者の多くがイヌイット語を読めないという状況なので、バイリンガル教育は成功していないのではないかと思われるが、イヌイットの多くが成功していると答えている。ただし、後述するインタビューでは、高学歴の職業を持つイヌイットは「バイリンガル教育はうまくいっていない」と話している。バイリンガル教育の現状と問題点は、第10章でくわしく分析する。

(10) イヌイットの文化と教育

ヌナブトの教育法、イヌイット語保護法に、「ヌナブトの教育はイヌイットの伝統的な知識や価値にもとづく」と書かれてあったが、筆者は、具体的にどのように学校教育にイヌイットの伝統的な知識や価値が入っており、どのように教えられているかを知りたいと思い、アンケートとインタビューで確かめることとした。

アンケートでは、「ヌナブトの学校教育にイヌイットの文化を入れるには、どのような科目が適当か（複数回答可）」という質問をしたが、回答は図8-13のとおりである。筆者のほうで、歴史、技術、その他という項目にしておいたので、回答は限られたと考えられる。ほとんどの回答者がイヌイットの歴史、伝統的な技術を大切だと考えていることが明らかになったが、伝統的な技術のなかには、生活の変化で不要になったものも多い。

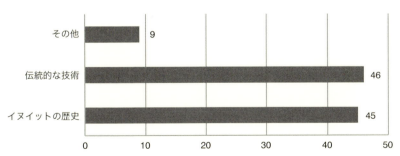

図8-13 イヌイットの文化教育に必要な科目
（筆者の調査結果より作成）

4. まとめ

　筆者の調査によると、イカルイトの家庭におけるイヌイット語使用率は約34％であり、1998 年のドレとサモンズの調査に比べて半減している。職場でのイヌイット語使用も、1998 年に比して半減以下である。とくに、20 代の若者のイヌイット語使用率が低い。

　20 代の若者のイヌイット語を話せる率は 64％［Morris 2016］、読む力に関しては筆者の調査によると 45％と低く、若者のイヌイット語の運用能力は低下している。とくにリテラシー能力が低下している。イヌイット語を読む力に関しては、全体では 61 名中 20 名が読めないと答えているが、男女別にみると、男性は 54％、女性は 20％弱が読めないと答えており、男女差が激しい。

　「教育法」「イヌイット語保護法」では「高校卒業時点で、英語とイヌイット語のバイリンガルになるようにしなければならない」と規定されているが、現実には個人レベルでバイリンガル人材は育っていない。とくにイカルイトの若者はバイリンガルではなく、英語のほうが得意である場合が多く、若者の英語化が進んでいる。

　イヌイット語の使用と保持に関しては年齢差が大きく、20 代の英語化がいちばん進んでいる。この原因は、ヌナブト準州のバイリンガル教育、地域、家庭でのイヌイット語使用率の低さにあると考えられる。また、メディアやインターネットの英語によるところも大きい。30 代のイヌイット語保持率は高いが、北西準州時代のバイリンガル教育ではイヌイット語教育が的確に行われていたうえ、地域や家庭でも比較的イヌイット語が使用されていたからである。40 代、50 代、60 代の学校教育は英語で行われていたが、地域や家庭でイヌイット語がかなり使われていたため、バイリンガルになったのである。以上のデータから考察すると、言語保持には家庭や地域での言語使用が大切であることが判明した。

　イヌイットへの意識調査では、ほとんどのイヌイットが、英語とイヌイット語のバイリンガルがイヌイットの進む道だと考えている。しかし、実態はイヌイット語より英語のほうが得意な若者が多く、事態は深刻である。教育体制、バイリンガル教育の改善が大切であるが、イヌイット自身も家庭やコミュ

ニティでイヌイット語をもっと使う努力をし、親や年長者は若いイヌイットに、とくにイヌイット語の読み、書きを教える努力をしなければならない。

第9章
インタビュー調査と参与観察

1. イカルイトのイヌイット

　ヌナブト準州では英語とイヌイット語のバイリンガル社会をめざしていて、英語とイヌイット語のバイリンガル教育をとおしてバイリンガルな人材を養成することが目標とされている。筆者のアンケートから、イヌイット自身も英語とイヌイット語のバイリンガルになることが最善だと考えていることが明らかになった。しかし現実には、イカルイトの20代の若者は家庭でイヌイット語よりも英語を使用し、イヌイット語の新聞も読めない者のほうが多く、バイリンガルな人材よりも英語のほうが得意な若者が多いことが明らかになった。めざすゴールと現実の間に、大きなずれがある。本章ではイカルイトの教育の現状を、現地の校長へのインタビューや文献などから考察する。

2. イカルイトの小学校長へのインタビュー

　ヌナブト準州ではバイリンガル教育の3モデルのなかから各地域で選択できるようになっているが、イカルイトは二重モデル（dual model）を選択している。イカルイトにはフランス系を除いて二つの小学校があるが、筆者が両校の校長にインタビューした結果は以下の如くである。

(1) ナカスク小学校 (Nakasuk Elementary School)
　イカルイトでいちばん大きな小学校であり、全校生徒の数は360名、うち

図9-1　ナカスク小学校の校庭で遊ぶ子供たち
(2016年9月、イカルイトにて筆者撮影)

80％がイヌイットの生徒である。校長はレベーナ・ヌヤリア（Leeveena Nuyalia）という、ヌナブト北極カレッジの教員養成課程を卒業したイヌイットの女性が務めている。二重モデルのうちのイヌイット語ストリーム（Inuit Language Stream）をとっている生徒は約60％、英語ストリーム（Non-Inuit Language Stream）をとっている生徒は約40％であるとのこと。イヌイットの20％が英語ストリームをとっていることになる。イヌイット語ストリームは小学校3、4年生から英語で教える科目を徐々に増やし、小学校5年生からは英語ストリームと同じく「イヌイット語」科目以外は英語で教えられる。教員数は35名で、そのうちイヌイットの教員は5名である。

　イヌイット語で教えているが、適当な教材が開発されていないため、イヌイットの教員が英語の教材を翻訳し、自分で毎時間教材を準備するので、負担が大きい。教材開発を切に望むとのことであった。イヌイットの伝統知識（IQ）は1年生から5年生まで、すべての科目に入れて教えるように心がけている。出席率は90％ととてもよく、父兄は教育に熱心である。

第 9 章　インタビュー調査と参与観察

(2) ジョアミー小学校 (Joamie Elementary School)

　イカルイトの高台に建つ小学校で、生徒数は 260 名、うち 75％がイヌイットの生徒である。校長はソニア・ロンスデール (Sonja Lonsdale) という北部 (North) に 15 年間住む白人の女性である。二重モデルのうちのイヌイット語ストリームをとっている生徒は 15％、英語ストリームをとっている生徒は 85％である。この小学校では圧倒的に英語ストリームをとっている生徒が多く、イヌイットも 60％が英語ストリームをとっている。イヌイット語ストリームの場合、小学校 1、2 年生はほとんどの科目 (85％) がイヌイット語で教えられるが、3 年生から徐々に英語で教える科目を増やし、5 年生では「イヌイット語」科目以外は英語で教えられる。

　イヌイット語ストリームの場合も、実際には南部の教科書を使い、イヌイット語を入れて教えている現状である。イヌイットの伝統知識 (IQ) に関してはなるべく入れるようにしているが、各教員に任せてある。教員は 20 名であるが、そのうち 5 名はイヌイットの教員である。この地域は教育熱心な親が多く、子供の将来を考えて英語ストリームを選ぶ場合が多いとのことであった。

(3) 二つの小学校の違い

　以上イカルイト内の二つの小学校の校長へのインタビューを中心に、バイリンガル教育の実態を述べたが、両校には大きな違いがある。まず、イヌイットで英語ストリームをとっている数であるが、ナカスク小学校は 20％であるのに対し、ジョアミー小学校では 60％である。また、ナカスク小学校ではイヌイット語ストリームの場合、4 年生までほとんどの科目がイヌイット語で教えられ、授業にイヌイットの伝統知識 (IQ) を入れるように工夫しているのに対し、ジョアミー小学校ではイヌイット語ストリームの場合、2 年生まではほとんどの科目がイヌイット語で教えられるが、3 年生から徐々に英語に切り替えられる。イヌイットの伝統知識 (IQ) も、ナカスク小学校ほど意識されていない。ナカスク小学校の校長がイヌイットであり、ジョアミー小学校の校長が白人であることも原因であると考える。

　また、もう一つの違いを生み出した要因は、ナカスク小学校がイカルイト唯一の大型スーパーの近くのダウンタウンに立地しているのに対し、ジョアミー

小学校は高級住宅の多い高台にあることによる。ジョアミー小学校の父兄は子供に英語を習得させ、高等教育を望む率が高い。以上のような小学校でのバイリンガル教育の実態は、若者がイヌイット語よりも英語のほうを使い、イヌイット語を保持できない要因となっている。

ヌナブト準州では、教員不足などから、実際には教育法に示されているとおりにはバイリンガル教育が行われていないことも、若いイヌイットがイヌイット語を保持できない要因になっている。筆者が面接した30代の女性の話では、「北西準州時代は予算も多く、小学校4年生まで英語とイヌイット語のバイリンガル教育がきちんと行われていたが、今のイカルイトの小学校のバイリンガル教育は2年までのところもあり、バイリンガル教育がきちんと行われていない」とのことであった。

3. イカルイトの中学校長、高校長へのインタビュー

中学校、高校の校長ともインタビューできたが、その結果を以下に述べる。

(1) アグサルニート中学校 (Agsarniit Middle School)

イカルイト市唯一の中学校である。中学校は6～8年生の3年間であり、ジョアミー小学校の近くの高台に建つ。校長はドン・ピーターズ (Don Peters) という50代の白人の男性である。生徒数は320名で、うち85％はイヌイットである。イヌイット語は外国語科目 (language arts) として、フランス語と同様、1日に1時間教えられている。中学校に入った6年生の時点で英語力に差があるので、三つのレベル別に分けている。とくに小学校でイヌイット語ストリームをとった生徒の指導は大変だが、英語の読み、書き能力 (リテラシー) をしっかり教えるようにしている。教員は全部で25名であるが、そのうちイヌイットの教員が2名、フランス語の教員が2名であり、ほかにイヌイットのカウンセラーが1人いる。出席率は80％あまりで、生徒が学校に興味を持てるように、春と夏のキャンプなどの文化活動、サッカーなどのスポーツも活発になるように指導している。

アグサルニート中学校は校長の人柄が学内に浸透していて、整然としたなか

第 9 章　インタビュー調査と参与観察

図 9-2　中学校でのイヌイット語の授業風景
（2016 年 9 月、筆者撮影）

に生徒への愛情があふれている雰囲気を感じた。体育館の設備もよく、生徒たちは元気いっぱいにスポーツを楽しんでいた。学内の教材室をはじめとする施設を案内してくださったが、教材も多く、整然と整理されていた。

　さらに、イヌイット語の授業を参観させてもらった（図 9-2）。ほかの学校では「父兄がうるさいので」という理由で授業を参観できなかったので、とてもよい経験であった。大地の植物とその漢方的な利用法を、イヌイットの教員がイヌイット語で説明していた。外国語科目なので、イヌイット以外の生徒も受講していた。ヌナブト準州の教育はイヌイットの伝統知識（IQ）にもとづいているが、イヌイットは自然を大切にし、その恵みをうまく利用してきたことを教える、言語と文化を統合したよい授業であった。

　図 9-3 は筆者がイカルイトに滞在中、ヌナブト北極カレッジの前で撮影したものである。写真の石の像はイヌイットの道標であり、象徴でもあるイヌクシュック（Inuksuk）である。イカルイト市内の道路はいちおう舗装されていて、

図9-3　コットン・フラワーと道標
(2016年9月、ヌナブト北極カレッジの前で筆者撮影)

車が走っているが信号はない。右手に見えるのはイヌクスク高校である。冬季には雪で覆われる地域に、白いコットン・フラワーが美しく咲いていた。

　ヌナブト準州では冬期は雪に覆われるが、6月から9月中旬にはコットン・フラワーをはじめとする植物も自生する。野生の草の根や葉のなかには薬草になるものもあり、先祖伝来の知恵が若い世代に伝えられていた。化学薬品のなかには副作用のあるものも多いが、自然の治療薬は、まさに先祖からの贈り物である。イヌイットの伝統文化には、このように植物相に関するくわしい知識、ほかに動物相や自然現象に関する知識が多くあり、極北の地で長年生き抜いてきた智の宝庫である。

(2) イヌクスク高校 (Inuksuk High School)
　中心街に近いヌナブト北極カレッジの向いに建っている、大きくて目立つ建物である。校長はジェイ・トーマス (Jay Thomas) という、白人の50代男性である。高校は9〜12年の4年間であるが、生徒数は430名、うちイヌイットは75％である。イヌイット語は4年間開講されているが、9年生は必修、10〜12年

生は選択である。ほかにキャリア科目のアウラジャクタット（Aulajaaqtut）はイヌイット語で教えられるが、10〜12年生まで開講されており、10、11年生は必修である。出席率は比較的よく、卒業生の約50％は南部の大学に進学する。

　以上の中学校、高校でのイヌイット語の科目は、中学校では外国語科目として日に1時間程度教えられ、高校では外国語科目、キャリア科目として9〜11年生までは週に1時間、ほかに10〜12年生の選択外国語科目、12年生の選択キャリア科目がある。中学校では英語の読み、書き能力の育成にかなり力が入れられているが、イヌイット語の読み、書き能力には教材不足もあって力が入れられていない。このことが、イヌイットの若者がイヌイット語の新聞が読めない現象の一因であろう。

　また、高校へ入ると急にイヌイット語、イヌイット文化の教育への導入が減る。イヌイットの多くは文化喪失（cultural loss）を体験し、中退の大きな要因となっている。イヌイット研究者のマクレガーは自身の体験から、「小学校時代は長老からイヌイット流の縫製、木工細工を習い、犬ぞりでツンドラ内陸部への小旅行にも出かけたが、イカルイトのイヌクスク高校へ進むと、イヌイット文化はほとんど教えられず、文化的な不一致のため多くのイヌイットが中退するのを経験した」と述べている［H.E. McGregor 2012a］。

4．一般のイヌイットへのインタビューとアンケートの自由記述

イカルイトの2小学校、中学校、高校の校長以外に、一般のイヌイットにインタビューした結果とアンケート自由記述を（1）過去の話題、（2）現在の社会の話題、（3）現在の教育に関する話題の3点を中心にまとめる。

（1）過去の話題
- 1〜8年生までは連邦政府の平日学校（day school）で英語による授業を受けたが、家で家族と、あるいは学校で友人と話すときはイヌイット語を使っていた。英語は一生懸命勉強した。その後、マニトバ州チャーチルの職業学校で寄宿学校に入り3年間学んだ。食事もまあまあで、虐待など嫌なことはまったくなく楽しい3年間であり、今もそのときの友人と親しく

している。数学、地理などいろいろな科目を英語で学んだが、一生懸命勉強し、その後英語を生かした職業に就くことができた。(オフィス・ワーカーの 67 歳男性)

- 小学校、中学校、高校とも北西準州の公立学校で学んだ。北西準州では予算も多く、小学校 4 年生まで読み、書きを含めてきちんとイヌイット語による教育が行われていたので、イヌイット語を習得できた。5 年生から教育言語が英語に代わったが、必死に勉強し、高校卒業後南部の大学に進んだ。自分はバイリンガルだと思う。(イヌイット協会のアナリストの 38 歳女性)

- 北西準州の公立の小学校、中学校、高校で学び、ヌナブト北極カレッジで 2 年間管理職の勉強をした。我々の時代は北西準州のバイリンガル教育が小学校 4 年生まできちんと行われていたので、イヌイット語を習得できた。小学校 5 年生で急に教育言語が英語になり大変であったが、両親が仲よく、家庭がしっかりしていたおかげもあり、一生懸命勉強した。18 歳で妊娠し、大きなお腹を抱えてヌナブト北極カレッジに通うのはとても嫌だった。10 代の妊娠は問題であると思う。その後、離婚し、子供は父親のもとで育てられているが、よい職業に恵まれたことは幸いであった。(イヌイット協会に勤める 37 歳女性)

- 連邦政府の平日学校で英語による教育を受けたが、家族や友人とはイヌイット語で話していた。英語とイヌイット語の両方に堪能になるよう努力をした。(40 代女性)

- 私の父は白人、母はイヌイットであり、ハーフである。北西準州の公立の学校で学んだが、当時はバイリンガル教育がきちんと行われており、小学校 4 年生までイヌイット語で教育を受けた。その後、英語による教育に替わったが、英語を頑張り、南部の大学を卒業した。(ヌナブト北極カレッジ図書館司書の 33 歳女性)

- 連邦政府の平日学校で英語による教育を受けた。家族や友人とはイヌイット語で話し、英語は学校でしっかり勉強し、両方の言語ができるバイリンガルになるよう努力した。寄宿学校の問題、ハイ・アークティックの強制移住など、我々イヌイットは白人にひどい目にあわされたが、一方で住宅や福祉金など白人の世話になっている。イヌイットは賢く生きていかねば

ならない。(警察関係に勤務の 40 代女性)

　以上の結果をみてみると、半数が連邦政府時代の英語による教育を受け、半数は北西準州の公立学校で小学校 4 年生までイヌイット語によるバイリンガル教育を受けている。いずれも現在職場でよいポストに就いているエリートのイヌイットで、イヌイット語の保持と英語の習得に努力したことがうかがえる。連邦政府の平日学校で英語による教育を受けた 3 人のイヌイットも、当時はまだ家族間や友人間でイヌイット語が使われていたため、バイリンガルになることができた。また、北西準州の公立学校で教育を受けた 3 人とも、当時の小学校 4 年まで行われたイヌイット語のバイリンガル教育はとてもしっかりしていたことを強調している。5 年生からの英語による教育への切り替えにも頑張って対応し、バイリンガルになることができた。

(2) 現在の社会の問題
- 連邦政府の公立高校卒業後、南部のアルバータ大学で学んだが、連邦政府、準州政府とも、イヌイットの言語、文化、機会を奪っている。(イヌイット協会管理職の 49 歳男性)
- (室内の地図を指しながら) 地図の赤い地点はヌナブト協定で決定されたイヌイットの土地であるが、イヌイットにはいまだに個人で土地を所有するという考え方はなく、イヌイット協会の所有となっている。ほとんどのイヌイットは連邦政府の賃貸しのアパートに住んでいる。イヌイット社会は男性優位であり、同じ仕事でも女性の給料は男性の 4 分の 3 である。(イヌイット協会の 38 歳女性)
- 寄宿学校以来、白人にひどい目にあい、文化も奪われて、我々イヌイットはストレスが多い。(イヌイット協会の 37 歳女性)
- とくに男性のイヌイットは社会変化により、従来の狩猟などの仕事を奪われ、威厳もなくなり、精神的に参っている。女性のほうが変化にうまく適応している場合が多いと思う。(40 代女性)
- イヌイットは変化にうまく対応できず、自殺者も多い。メンタルヘルスの多くの問題があり、イヌイット社会は健全ではない。(40 代女性)

- イヌイットはヌナブト準州では、どのサービスもイヌクティタット語で受けられるようにすべきであり、イヌクティタット語しかできないイヌイットが不利にならないようにすべきである。(41歳女性)
- 麻薬の使用などを防ぐために、それぞれのコミュニティが放課後のプログラムの開発にもっと真剣に取り組むべきである。(ヌナブト北極カレッジの20代女子学生)
- イヌイット社会の将来のために、イヌイットの年長者と若者がもっと接触し、コミュニケーションをはかるべきである。(60代女性)
- ヌナブトには否定的なストラテジーが多いが、我々イヌイットはよい民族でお互いに助け合い、極寒の北部で長く生き抜いてきた。これからも賢く生き抜いていけると信じている。(ヌナブト北極カレッジの20代男子学生)
- ヌナブトは物価が高すぎる！ 物価の値段を下げてほしい！ もっと住宅供給を！ (ヌナブト北極カレッジの20代女子学生)
- ヌナブトはイヌイットの土地なのに、非イヌイットが土地も奪っている。教育が将来のイヌイット社会の鍵なので、イヌイットはきちんと教育を受けなければならない。(ヌナブト北極カレッジの10代女子学生)
- ヌナブトはまだ若い準州なので、カナダのほかの地域に追いつくように頑張らねばならない。(ヌナブト北極カレッジの20代男子学生)
- ヌナブトではもっと職場でイヌクティタット語が使われるべきである。イヌクティタット語のみの大学がヌナブトにできるのが将来の夢である。(野生動物に関する仕事に携わる50代男性)

イヌイットの人たちは、急激な変化に十分対応できず、現在のイヌイット社会は健全ではないと感じている。イヌイットの文化を奪われたという思いも強い。そのようなところから、自殺、暴力、麻薬などの問題が出てくるのであろう。また、男性優位の不平等な社会であると感じている。一方で、男性より女性のほうが変化にうまく対応している場合が多い。

(3) 現在の教育に関する話題
- 教育政策は悪くなりつつある。2008年にヌナブト準州の教育法ができたが、

8年たった現在もイヌイット語の教育はきちんとなされず、イヌイット語が弱体化する方向に向かっている。(40代男性)
- イヌイットの高校中退率がいまだに高く、教育がうまくいかないのは、イヌイット社会の問題が解決されないからである。イヌイットの心と体が健康になることが先決である。(ヌナブト北極カレッジ教員の40代女性)
- 我々が学んだ北西準州のバイリンガル教育に比べ、ヌナブト準州ではバイリンガル教育がきちんと行われていない。小学校2年生までしかイヌイット語で教えない学校もある。(30代女性)
- 2008年に教育法ができ、8年もたっているのに、いまだにイヌイット語の教科書もなく、各授業でイヌイットの教員が教材を準備しなければならない。負担が多く、教員を辞めて準州政府機関に転職する教員も多い。教材、教員とも不足している。現在のヌナブト準州のバイリンガル教育は問題が多い。成功しているグリーンランドのモデルを参考に、英語とイヌイット語のバイリンガル社会をめざすべきである。(ヌナブト北極カレッジ司書の33歳女性)
- 高校中退が多いのは、イヌイット社会の問題が原因である。文化喪失、貧困がいちばん大きな問題である。(50代男性)
- テレビなどのメディアは圧倒的に英語が主流なので、英語化は避けられない。家庭でイヌイット語を使いたくても、子供たちは英語のほうが使いやすいので、つい英語を使ってしまう。(30代女性)
- 我々の母語のイヌイット語を維持するために懸命になっている人は見受けられない。(ヌナブト準州教育省の教育分析に携わっている41歳女性)
- 若者はもっと真剣にイヌイット語を学ぶべきである。(38歳女性)
- イカルイトのような市ではなく小さなコミュニティでは、家庭やコミュニティでイヌクティタット語が話されており、若者もイヌクティタット語に堪能である。イカルイトで若者がイヌクティタット語を話さなくなっているのをみるのは、とても悲しい。(ヌナブト北極カレッジ教員の43歳女性)
- 我々は若いイヌイットに、高校やカレッジを卒業すればよい収入も得られ、卒業することに価値があることを示さねばならない。(ヌナブト北極カレッジの20代男子学生)

「教育政策は悪くなりつつある」と感じているイヌイットが多い。年配者は若者がイヌイット語を使用しなくなっている事実を、たいへん悲観している。また、イヌイット語の教材不足がなかなか解決されないと感じている。準州教育省に勤務しているイヌイットの職員の、「誰も真剣にイヌイット語を維持しようとしていない」という発言も重大である。「成功しているグリーンランドを見習うべきである」という意見に従い、第12章でグリーンランドの事例を研究する。

5. 参与観察によるイカルイトの言語状況

　イカルイトはイヌイットの比率が60％とヌナブト準州の他の地域と比べて低いこと、連邦政府や準州政府の機関が多くイギリス系、フランス系や移民などさまざまな人種がいることなどで、特殊な言語状況となっている。イヌイット語保護法で看板や標識は英語とイヌイット語で表示すべきことが謳われているにもかかわらず、政府、準州機関は原則として両方の言語で表示されているが、民間の店などは英語のみの表示も多い。イカルイトでは、30代以上のイヌイットどうしでの会話ではイヌイット語もしばしば聞かれるが、圧倒的に英語での会話が多い。1998年現在のイカルイトの状況を、ドレとサモンズは次のように述べている。

> English is overwhelmingly used during public meeting, due to the presence of monolingual Anglophones among the audience.…Full simultaneous translation is customary at the Legislative Assembly of Nunavut, where members may – and do - speak in their language of choice ...
>
> 　公的な会議は、観客に英語のみを話すイギリス系がいるために、圧倒的に英語で行われる。ヌナブト準州議会では、完全な同時通訳が普通である。準州議会では議員は自分で選択した言語で話すことができる。［Dorais and Sammons 2002: 69］（筆者訳）

第 9 章　インタビュー調査と参与観察

　ここでは、英語のみを話すイギリス系の観客のために公的な会議は英語で行われること、ヌナブト準州議会ではイヌイット語で話された場合は同時通訳で英語に通訳されることが述べられている。

　筆者の滞在中の経験では、テレビ放送はほとんど英語であった。カナダやアメリカの英語によるテレビ放送が主流であるが、一部のチャンネルで 1 日に 3 〜 5 時間のイヌイット語の放送が行われていた。ヌナブトの代表的な新聞『ヌナツイアック・ニューズ』は、やや英語が多いものの、英語とイヌイット語の両方で記事が書かれている。準州機関の書類は英語とイヌイット語の両方である場合が多く、筆者が調査のライセンスを得るために提出した書類も英語とイヌイット語であった。コミュニティでの言語は英語が多く、インタビューではある 40 代の女性は、「家庭でイヌイット語を使いたくとも子供はデイ・ケア（学童保育）や学校で英語のみに接するので、つい英語を使う」とのことであった。また、ヌナブトではインターネットなどが普及していて、伝達などはほとんど英語でのメールでなされる。英語とイヌイット語の両方が使われているが、話し言葉では、会議、職場、学校では英語が使われることが多く、家庭や友人間では年配者ほどイヌイット語を使用している。

　以上の観察から、イカルイトはダイグロシア（diglossia）の社会［Ferguson 1959］といえる。ダイグロシアは「2 言語併用」と訳される場合が多いが、2 言語に上下関係があり、公式な場で使われるレベルの高い（high）言語と日常生活で使われる低い（low）言語が併用して使われている社会である。もちろん連邦政府の公用語である英語が高い言語であり、イヌイット語は低い言語である。ダイグロシアに対してバイリンガルな社会とは、二つの言語が対等の関係で存在する場合である。カナダの首都オタワでの英語とフランス語のバイリンガル社会は、その典型である。

第 10 章

ヌナブト準州の教育と
イヌイット語保持を阻む要因

1. バイリンガル教育に関する理論

　まず、バイリンガルの定義であるが、グロージャン（F. Grosjean）[2008: 10] の定義に従い、「バイリンガルは日常生活で二つ以上の言語（あるいは方言）を使う人々」とする。この場合、二つの言語を話せると同時に、聞き、書き、読めることを前提とする。二つの言語が別々に存在するモノリンガル的なバイリンガルではなく、ある程度関係しながら存在する全体論的バイリンガリズム (wholistic view of bilingualism) [ibid.: 13] の立場に立つ。正しくバイリンガル教育が行われれば、言語や教育上の発達に関してプラスの影響があることが、カミンズ [Cummins and Swain 1986] など多くの研究により明らかになっている [山本 2014: 65]。バイリンガルの子供は、二つの異なった言語で処理する結果、思考の柔軟性に優れていることも明らかになっている [ibid.: 65]。

　図 10-1 が示すように、カミンズの相互依存仮説（Independence Hypothesis）では、表層では、母語と第 2 言語の音声、語彙、文法などは異なっているが、深層の共有熟達部分では、知識や概念の認知などが共通しているという考えである。すなわち、母語でたとえば「抽象的」という概念を知っていれば、第 2 言語でその概念や語を学んださいに容易に習得できる。この相互依存仮説は、バイリンガル教育の理論的基盤となっているが、とくに幼少期の母語習得が大切となる。リテラシーを含めた母語を十分に習得して入学した子供は、第 2 言語に移行した場合も習得が容易である。家庭で母語を使い、物語の読み聞かせなどをすることによって得られた知識、語彙、概念は、第 2 言語に転移し、母語

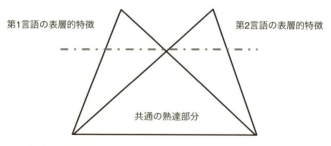

図10-1　カミンズの相互依存仮説
(Cummins and Swain 1986: 83 より筆者作成)

と第2言語は互いに支え合いながら育つ。就学前に子供の語彙や概念が育つように家庭で母語をしっかり習得した子供は、学校で第2言語に移行した場合も母語と第2言語の両方が習得できる［ibid.: 65］。

　バイリンガル教育がうまくいき、第2言語を習得しても、母語や文化が損なわれない場合は付加的バイリンガリズム（additive bilingualism）、第2言語を習得し、母語や文化が失われる場合は削減的バイリンガリズム（subtractive bilingualism）と呼ばれている［ベーカー 1996: 75］。

　また、学校にバイリンガル教育を導入し、社会の少数派の言語での教育を行うと、多数派の第2言語による学習時間が減り、学習効果に影響を及ぼすと懸念する教師や親が多いが、正しく実施されているバイリンガル教育は、学習成果を上げるという研究結果が多くある［Cummins 2000: 218-219］。一方で、児童は第2言語での教育が始まると早く、自然に習得し、母語が早く失われる。この場合、地域や家庭での母語使用が大切になる［山本 2014: 67］。母語の保持伸長には、家庭や地域での母語使用は欠かせない。

2. バイリンガル教育の種類

　まず、代表的な三つのバイリンガル教育について述べる。

(1) 移行型バイリンガル教育

　移行型バイリンガル教育（transitional bilingual education）は、生徒の母語から社

会で優勢な多数派言語に移行することを目的とするが、根底には社会的、文化的に多数派言語集団に同化させることをめざしている［ベーカー 1996: 187］。もともと、移民が多数派言語集団に同化できるように考案された。移行型バイリンガル教育には、早期終了型（early exit）と後期終了型（late exit）がある。早期終了型は 2 年程度の母語での教育の後、段階的に第 2 言語での教育に移行するが、後期終了型では、小学校 6 年生まで約 40％母語で教育を行う［ibid.: 187］。教師は生徒の母語と第 2 言語のバイリンガルである必要があり、コミュニティや親の要望を考慮に入れながら、適切なバイリンガル教育を行う。

(2) 維持型バイリンガル教育

維持型バイリンガル教育（maintenance bilingual education）は、生徒の母語を伸ばし、文化的アイデンティティを強化することをめざすもので、母語の喪失を防ぎ、第 2 言語と同様に、母語の読み、書き能力も伸ばすことを目標にしている［ibid.: 182］。母語と第 2 言語の両方を十分に使用できることをめざしている。カナダのアルバータ州やマニトバ州で行われているウクライナ語のバイリンガル教育は維持型であり［ibid.: 194］、英語とウクライナ語のバイリンガル人材育成をめざしている。

(3) イマージョン型バイリンガル教育

イマージョン型バイリンガル教育（immersion bilingual education）の原型は、1965 年にモントリオールの郊外のセイント・ランバート小学校で始まった、英語以外の全教科をフランス語で教えたプログラムである［長谷川 2002: 181］。イマージョンというのは、「その言語の環境に完全に浸ること」という意味であるが、人為的に習得させたい言語の環境をつくり、そのなかに学習者を投入する［ibid.: 181］。モントリオールのイギリス系カナダ人にとって、フランス語の習得は死活問題であり、父兄の熱意と脳外科医ペンフィールド（W. Penfield）、マギル大学の言語心理学者ランバート（W.E. Lambert）らの学識により、イマージョン型バイリンガル教育が始まった［ibid.: 181］。

その後、世界中に広まったが、イマージョンの使われる時間をもとに、全面的イマージョン（total immersion）、部分的イマージョン（partial immersion）と区

別している。全面的イマージョンの場合は、最初は 100％習得したい言語を使い、2～3 年経過した後、3～4 年間は 80％、中学校修了時までには 50％に減らす。部分的イマージョンでは、中学校修了期まで一貫して、習得したい言語の使用は 50％である［ベーカー 1996: 190］。さらに、開始時期により、幼稚園や小学校で開始する場合は早期イマージョン、9 歳から 10 歳で始めるものを中期イマージョン、中等教育で始めるものを後期イマージョンと分ける。カナダのイマージョン教育は著しい成功を収め、ヨーロッパをはじめ、世界各国の言語教育に影響を与えている。

3. ヌナブト準州とバイリンガル教育理論

(1) ヌナブト準州の実態

「ヌナブト議会への報告書」［Auditor General of Canada 2013］によれば、イカルイトほか 8 校の小学校のうち 5 校は幼稚園から小学校 3 年生までのバイリンガル教育を提供しているが、ヌナブト準州の 3 モデルの要求にかなうのは 1 校のみであるとのことであり、バイリンガル教育の実態は 3 モデルとはほど遠い。また、校長との面談においても、イカルイトの小学校ではモデルどおりにバイリンガル教育が行われていないことが明らかになった。校長がイヌイットのナカスク小学校においてでさえ、二重モデルのイヌイット語ストリームの場合も、小学校 3、4 年生で徐々に英語による教育を増やし、小学校 5 年生からは非イヌイット語（英語）ストリームと同じになり、イヌイット語は科目として教えられるにすぎないとのことであった。また校長が白人のジョアミー小学校では、イヌイット語ストリームは 15％と少なく、小学校 2 年まではイヌイット語での教育を行っているが、3 年生から英語での教育を多くしているとのことであった。ヌナブト準州のイヌイット語のバイリンガル教育はイヌイット語から英語へと急に移行することが、イヌイット協会の年次報告で次のように述べられている。

> Under the current system, students in most schools' Inuit language stream typically make an abrupt switch to English language of instruction following Grade

4, because the only language of instruction available thereafter is English with Inuktitut or Inuinnaqtun taught infrequently as subjects.

　現在のシステムでは、大部分の学校のイヌイット語ストリームをとっている生徒は4年生以降、急に英語での授業に代わる。理由は、その後可能なのは英語による授業であり、イヌイット語は教科として、たまに教えられることになる。［Nunavut Tunngavik Incorporated 2011: 25］（筆者訳）

　ヌナブト準州のほとんどの小学校では、イヌイット語のバイリンガル教育を行っている場合も、イヌイット語を教える教員不足から、4年生になると急に英語での教育に代わり、その後イヌイット語は教科として教えられるにすぎないことが述べられている。
　現在ヌナブト準州で実際に行われている小学校の早い段階での教育言語を英語へ移行する教育は移行型バイリンガル教育で早期終了型に近く、英語への同化教育である。筆者の調査と資料などにより、ヌナブト準州、とくに準州都イカルイトでは小学校3、4年生で英語に代わる移行型バイリンガルであるために、削減的（subtractive）な状況［ベーカー 1996: 75］となっている。カナダ社会の多数派言語、英語を習得することにより、母語のイヌイット語や文化が損なわれている。削減的に対して付加的（additive）な状況では、第2の言語（英語）やその文化がつけ加わっても、母語のイヌット語やその文化にとって代わることはない。ヌナブト準州の一部地域、イカルイトなどでは、英語が徐々にイヌイット語に代わり、イヌイット語の弱体化を招いているので、典型的な削減的バイリンガル教育である。
　また、ベーカー（C. Baker）はもともと移民を対象とした同化的な移行型バイリンガルではなく、保持したい言語をほとんどの科目の学習言語とするイマージョン型バイリンガル教育か、保持したい言語での教育に重点をおいた維持型バイリンガルは2言語での読み書き能力を培うとしている［ibid.: 183］。後述するマオリ語やハワイ語の復活にはイマージョン教育が導入されて、ある程度成功をおさめている。
　しかしながら、ヌナブト準州の3モデルにあるイヌイット語のバイリンガル、イマージョン教育がモデルどおりに行われれば、状況はよくなると考えられる。

第10章1節で述べたカミンズの理論では、就学前に母語教育がきちんと行われていれば、第2言語の習得もうまくいき、バイリンガル人材は育つとされている。筆者の調査では、イカルイトの家庭でイヌイット語を使う率は約34％で、就学前の母語教育はきちんと行われていない場合が多く、バイリンガル人材が育たない一因となっている。また筆者の調査では、連邦政府時代に英語のみで授業を受けた40〜60代は、家庭や地域でイヌイット語が使われていたために、リテラシーを含めてイヌイット語もでき、バイリンガルであった。イカルイトでは、家庭や地域でのイヌイット語使用が少なくなっているので、イヌイット語使用を増やす努力をし、同時に子供にイヌイット語の本を読み聞かせたりして、イヌイット語教育を親や年長者が行うことも大切である。

(2) ヌナブト準州の教員

ヌナブト準州ではイヌイットの教員は各小学校数人以内で、負担が大きい。中学、高校では、もっと数は少ない。第12章で述べるグリーンランドやケベック州北部のヌナビックでは、イヌイットの教員の割合は高く、バイリンガル人材育成に成功している。最近のバーガー（P. Berger）［Berger et al. 2017b］によると、ヌナブト準州の生徒はイヌイットが9,300人、非イヌイットが430人であるが、教員はイヌイットが201名、非イヌイットが453名であり、イヌイットの生徒の数の割にイヌイット教員が少ない。イヌイット語の教員不足が、予定どおりにバイリンガル教育を行えない最大の要因となっている。

また、現在ヌナブト準州で実際に行われている小学校の早い段階での英語への移行型バイリンガル教育は、イヌイット語教員の資質に関係していることを、バーガーは次のように指摘している。

> "Once you hit high school, there's no more talk in Inuktitut, nobody talks it any more", said one participant. Though most participants did not explicitly name language as a barrier, its salience was clear. The current model of 'early exit' from Inuktitut instruction impairs students' learning and their ability to develop language competency. As schooling erodes Inuktitut, new Inuit teachers may be less capable of teaching in Inuktitut, creating a dangerous circle.

いったん高校に入ると、イヌクティタット語での会話はなくなり、誰もイヌクティタット語を話さない」とある参加者はいった。どの研究参加者もはっきりとは言語を障害だとはいわないが、その顕著な特徴は明らかである。現在のイヌクティタット語による教育から英語への早期移行は、生徒の学習と言語を発達させる能力を減じている。学校教育がイヌクティタット語を浸食しているので、最近のイヌイットの教員はイヌクティタット語で教えられなくなる傾向にあり、危険な悪循環を引き起こしている。
　　［Berger et al. 2017a: 3-4］（筆者訳）

　小学校での英語への早期終了型のバイリンガル教育、高校では英語のみによるコミュニケーションという環境で、ヌナブト準州の教員養成の学生はイヌイット語ができなくなってきている。新しく教師になったイヌイットのなかには、イヌイット語を教えられない教員もいる。バーガーは、バイリンガルでバイカルチュラルな学校システムを、連邦政府、ヌナブト準州政府が早急に考えるべきである［ibid.: 4］としている。
　ヌナブト北極カレッジはイヌイット語とその文化を基盤としているが、イヌイット語に関するコース以外のほとんどの授業は英語で行われている。学生はイヌイットがほとんどであるが、彼（女）らのイヌイット語の力はさまざまである。地方からの在校生のなかにはイヌイット語に堪能な学生もいる一方で、あまりイヌイット語を話せない学生もいる。
　ヌナブト北極カレッジの教員養成課程を卒業し、学士と教員資格を得た卒業生は必ずしも教員にならないことも、イヌイット語で（を）教える教員が不足する一因となっている。

　　Nunavut Arctic College's NTEP has produced 224 Inuit teachersin its 30 years of existence, a proportion of whom—because of their qualifications and social promotion—are attached to higher paying jobs within Inuit organizations and government.
　　ヌナブト北極カレッジの教員養成課程は過去 30 年に 224 人のイヌイットの教員を輩出したが、資格を持っていること、社会的な出世の可能性が

高いなどの理由で、一部はより給料の高いイヌイットの組織や政府に就職する。［Nunavut Tunngavik Incorporated 2011: 31］（筆者訳）

　筆者も現地でのインタビューで何度も耳にしたが、イヌイット語の教員は教材が十分でないため自分で毎時間教材を準備しなければならず、たいへん忙しく、教員の資格があっても準州政府機関やイヌイット協会に就職する者もけっこういるとのことであった。修士号を持ったイヌイットも増えているので、イヌイット語教育の重要性を涵養すると同時に、教材の開発、待遇の改善などで、教職に就きやすくすることも大切である。

　ヌナブト北極カレッジは、準州内の25のコミュニティに学習センター（Community Learning Center）を持ち、成人教育を推進している［Flaherty 2013: 5］。ヌナブト準州に住む住民に生涯教育でイヌイットの伝統的な知識や南部のプログラムを提供している。ヌナブト準州におけるヌナブト北極カレッジの役割は大きい。ヌナブト北極カレッジのイヌイット語に重点をおいているコースは「イヌイット研究」（Inuit Studies）、「通訳、翻訳プログラム」（Interpreter Translator Programs）であり［ibid.: 6］、「ヌナブト教員養成プログラム」（Nunavut Teacher Education Program）では一部にイヌイット語での授業がある。ヌナブト教員養成プログラムの入試には、英語以外にイヌイット語と数学が必要であるが、入学後は「イヌイットの文化と歴史」（Inuit Culture and History）、「イヌイットの教育・文化研究」（Inuit Educational Cultural Studies）、「イヌクティタット」（Inuktitut）以外の科目は英語で教えられている［Nunavut Arctic College 2016］。

　ヌナブト準州の教育法、イヌイット語保護法にあるように、準州内の学校でイヌイット語と英語のバイリンガル教育を行い、イヌイットの文化を教える教員を育てるには、イヌイット語やイヌイット文化に関する科目が少ない。とくに、教員養成課程に入学してくる若者は、小学校、中学校、高校、家庭、コミュニティで、以前ほどイヌイット語やイヌイット文化教育を受けていない現状を考慮すると、特訓が必要ではないだろうか。教員養成課程のカリキュラム、教授言語などを再考慮すべきではないだろうか。後述するが、2017年より教員養成修士課程にイヌイット語で教育を行うコースができるので、そのコースに進む学生はとくに、イヌイット語を教育言語とすべきではないだろうか。教員

第 10 章　ヌナブト準州の教育とイヌイット語保持を阻む要因

図 10-2　2013 年の教員養成課程修士号取得者
[Department of Education, Nunavut 2015: 39]

養成課程を卒業してもイヌイット語のリテラシーに弱い卒業生が増えているとのことなので、イヌイット語を教える教員養成課程の授業は英語ではなく、イヌイット語で行うか、イヌイット語を教育言語とするコースをつくってはいかがであろうか。

　ケッベク州北部のヌナビックでは、教員養成をイヌイット語で行い、成功している。教える教員の問題があるが、最近は教員養成の修士号を得たイヌイットも出てきている。2009 年にプリンス・エドワード・アイランド大学（University of Prince Edward Island）と提携した教員養成修士号のコースができたが、2013 年には、図 10-2 のように、12 名のイヌイット女性が無事修士号を得た。仕事をしながら、おもに休暇中に集中講義をとり、修士号を獲得したのである。2013 年は全員が女性であったが、イヌイットの教育界のリーダーとして彼女たちに期待するところが多い。彼女たちはイヌイット語を保持している年代なので、イヌイット語での教育、教材開発、また校長などの管理職と期待するところが

大きい。写真のなかの1人はヌナブト北極カレッジの事務局の中枢として働いており、筆者も何度も会話を交わした。とても人当りのよい、感じのよい女性であった。

『ヌナブト準州政府ニューズ・レター』の 2017 年 6・7 月号によると、イヌイット語での修士課程が始まるとのことである。

> First Educational Leadership in Graduate Course in Inuktitut
> The Government of Nunavut (GN) has introduced the first ever Educational Leadership Course that will be offered in Inuktitut to Inuktitut speaking Educators from July 15-20, 2017. The Certificate in Educational Leadership in Nunavut (CELN) program is offered by the University of Prince Edward Island's Faculty of Education in partnership with the GN's Department of Education. This Certificate of Educational Leadership in Nunavut will be taught by Rebecca Hainnu. ... This certificate offers an opportunity for established educational leaders such as principals or vice-principals, as well as aspiring leaders, to deepen their understanding of community-based leadership in Nunavut.
> 初めてのイヌクティタット語での教育リーダー養成修士コース
> 　ヌナブト準州政府は初めて、イヌクティタット語を話す教育者向けに、イヌクティタット語での教育リーダー・コースを 2017 年 7 月 15 〜 20 日に開始する。ヌナブトでの教育リーダー資格プログラムは、ヌナブト準州教育省と提携してプリンス・エドワード・アイランド大学の教育スタッフによって提供される。ヌナブトの教育リーダーの資格コースはレベッカ・ハイヌによって教えられる。……この資格はヌナブトのコミュニティ基盤の理解を深めるために、リーダーの切望と同様に、校長、副校長のような教育のリーダーのための機会を提供する。［Government of Nunavut 2017: 5］（筆者訳）

イヌイット語で教員養成を行うには、イヌイット語で教えることのできる修士以上の資格を持つ教員が必要である。プリンス・エドワード・アイランド大学の教員、レベッカ・ハイヌ（Rebecca Hainnu）は、名前から推察するとイヌイッ

トだと思われる。イヌイットの教育界のリーダーが少しずつ育ってきているので、課程を修了し、修士号をとる卒業生に期するところが大きい。

最新の『ヌナツイアック・ニューズ』2017年9月号によると、2017年にヌナブト準州の80名のポスト・セカンダリー（post-secondary）、つまり高校卒業後の上級学校へ進む学生に、2,500ドルの奨学金が与えられたとのことである。このような措置で、イヌイットの上級学校進学者がますます増えてほしいものである。変化は遅いが、確実に上級学校へ進むイヌイットは増えつつあり、イヌイットのリーダーが育っている。イヌイット社会の改善には、このような若いイヌイットのリーダーが必要である。

(3) 教材不足

イヌイット語の教材が不足していて、イヌイットの教員は自分で教材を準備しなければならず、大きな負担となっていることは、ナカスク小学校の校長がインタビューのさいに何度も話していた。少しずつ教材はできているようであるが、ヌナブト教育省のもと、予算を組んで、教材作成チームを結成し、早急に教材開発を進めるべきである。

教材に関しては、最近はイヌイットによる民間の出版社もでき、イヌイット語の本や教科書を出版している。たとえば、小学校の教員、ヌナブト北極カレッジの教員養成課程で指導者を経験したルイーズ・フラハーティ（Louise Flaherty）は自ら教材不足を体験し、非営利団体でコミュニティベースのヌナブト・バイリンガル教育社（Nunavut Bilingual Education Society）を設立し、さまざまなイヌイット語と英語の本を出版している。

> We started small, but we began to produce books in both Inuktitut and English. We started with educational posters then published math and science books and the Taiksumani series. We wanted to publish more ... Some of our books have won awards in Ontario, too.
>
> 我々は小さいところから始めたが、イヌクティタット語と英語の両方の本を出版し始めた。まず教育のポスターから始め、算数と科学の本を出し、タイクスマニ・シリーズを出版した。我々はもっと出版したいと考えてい

る。我々の出版した本のなかには、オンタリオで賞を得たものもある。

［Flaherty 2014: 41］（筆者訳）

イヌイットの伝統を盛り込んだイヌイット語の本や教材が出版され、少しずつ問題が解決の方向に進んでいる。

4. イヌイット語の標準化の動き

　また、イヌイット語の標準化はイヌイット語の保持には欠かせないとして、イヌイット団体を中心に進められている。グリーンランドでは、現在の州都の方言をいち早く共通語とし、定期的な刊行物も出していて、ほとんどのグリーンランド人はグリーンランド語の読み書きができるようになっている［宮岡 1978: 176］。グリーンランドでは、グリーンランド語の教本、辞典も出版されている［ibid.: 177］。ヌナブトでもイヌイット語の標準化を進め、もっと読み、書き能力を培うべきである。

　現在は、たとえば「ありがとう」（thank you）に相当するイヌイット語の主要な方言、「イヌクティタット」（Inuktitut）にも4種類もある（表10-1）。

　　In August 2015, we coordinated a Summit on the Unification of the Inuit Writing System. Inuit linguists, elders, and language experts, as well as representatives from Inuit organizations and governments, met in Iqaluit to discuss the creation of a

表10-1　イヌクティタットの4方言の「ありがとう」
[Government of Canada 2017: 2]

方言（地域）	ローマ字正書法	音節文字
Uqqurmiut（南バッフィン島）	Nakurmiik!	ᓇᑯᕐᒦᒃ
Aggumiut（北バッフィン島）	Qujannamiik!	ᖁᔭᓐᓇᒦᒃ
Inuvialuktun（西部北極地域）	Quyanainni!	ᖁᔭᓇᐃᓐᓂ
Inuttitut（ヌナツイアバット地域）	Nakummek!	ᓇᑯᒻᒐ

unified writing system for Iqaluit.
　2015年の8月に我々はイヌイット語の書記法の統一に関する会合(サミット)を持った。イヌイットの組織と政府からの代表と同様、イヌイット語の言語学者、長老、言語専門家が統一した書記法の創造を議論するために、イカルイトに集まった。［Inuit Tapiriit Kanatami 2017: 12］（筆者訳）

　2015年8月にイヌイット語の書記法（writing system）の統一に関する会議が開かれたが、完全な統一には時間がかかりそうである。イヌイット語には地方による方言の差が大きく、標準化により、自身の属する方言がなくなるのでは……という危惧も一部にあるが、大局的にみて、イヌイット語を保持するためにも標準化は重要である。標準化を進め、イヌクティタットの教本、辞典などを多く出版することにより、イヌイットがイヌイット語を自習できるようになることを望む。
　イヌイット語の保持には、グリーンランドで行われて成功した事例に従い、現在進められているイヌイット語の標準化を急ぎ、教本や辞典の出版を増やす必要がある。イヌイットによる出版社もできているが、民間と準州の両方のレベルでの取り組みが望ましい。また、イヌイット語によるラジオやテレビの放送、イヌイット語の新聞や雑誌などの出版を増やし、イヌイット語のステータスを上げることも必要である。

5. 言語の威信性

　言語習得には、言語の威信性（language prestige）や序列も関係がある。カルヴェ（L. J. Calvet）は世界の言語を層状に序列化し、英語など最上層のハイパー中心言語、10ほどのスーパー中心言語、100〜200の中心言語、最下層の4,000〜5,000の周辺言語があり、下から上へと言語話者を上層に引きつける引力が働くとしている［Calvet 2002］。
　ある社会で社会的、経済的、政治的に強い集団が話し、評価の高い言語が威信性の高い言語である。ヌナブト準州で若者がイヌイット語を次第に話さなくなり、読み書き能力も弱まっている現状の一因は、英語とイヌイット語の力関

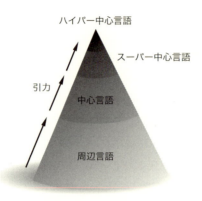

図 10-3 カルヴェの言語の階層
カルヴェをもとに山本作成［山本 2014: 91］

係にもある。威信性の低い言語を母語とする親は、社会で子供によりよいステータスを得るために、母語の使用を控える場合も多い。英語はハイパー中心言語であり、威信言語である一方、イヌイット語は周辺言語なので、引力で上に引っ張られるという考え方である。イヌイットにとって、英語はテレビなどメディアの言語であり、メールやインターネットで使う言語であり、上級への進学に必要な言語であり、仕事に結びつく言語であり、カナダ社会で生きるために不可欠な言語である。しかしながら、イヌイット語は、自らのアイデンティティの言語、祖先からの文化継承の言語であり、心理、感情面を支える言語である。イヌイットはイヌイット語と英語の両言語を同等とみなして学び、二つの文化を身につけることで、誇りを持ち、二つの言語、文化の懸け橋となれる。

6. 白人優位の教育体制

　本書で明らかにしてきたように、ヌナブト準州の教育の実態は、バイリンガル教育は小学校3、4年生までで、イヌイット語保持というよりは英語への移行の手段となっている。調査地イカルイトの若者のなかにはイヌイット語を読めない者も多く、バイリンガル人材は育っていない。筆者は現地で体験したが、ヌナブト準州の白人教員や、準州政府の白人の職員などには、ハージ［Hage 1998］のいう白人性（whiteness）が根強くある。たとえば、筆者が現地でインタビューをしたある白人の校長は、「どうせ上級に進むと英語になるのだから、

イヌイット語を学んでも仕方がない」と話していたし、準州政府のある白人の職員は、「ヌナブトではイヌイット語を公用語に入れているが、カナダの公用語は英語とフランス語である」と話していた。バーガー［Berger 2008］はそれを「ヨーロッパ中心主義」(Eurocentrism) と呼び、ヌナブト準州の学校教育がイヌイットの望む方向に進まない最大の要因であるといっている。バーガーは、「ヨーロッパ中心主義」を「植民地主義」とほぼ同じ意味で使い、ヌナブト準州にはいまだに植民地主義が残っていると解説している。本書では、イヌイットへの政策は植民地主義から多文化主義に変わったが、多文化主義には、ハージのいう白人性、「(白人) 文化支配の幻想」があると捉えているので、ハージの白人性とそれにもとづくホワイト・カルチュラリズムの概念を用いる。

　ハージは白人のパラノイア、被害妄想にも言及しているが、ヌナブト準州の場合、パラノイアは見受けられないので、白人優位のホワイト・カルチュラリズムというハージの概念を用いる。本書で明らかにしてきたように、話者人数の多いイヌイット語に対してよりも話者人数は少ないが連邦政府の公用語のフランス語により多くの資金が投入され、イヌイット語のバイリンガル教育に必要な教員養成、教材開発への資金が十分でない実態は、ホワイト・カルチュラリズムの結果といえる。ヌナブト準州では、バイリンガル教育が法律どおりに行われていない実態が明らかになり、イカルイトでは、英語とイヌイット語の力関係は変わらず、英語への同化的な色彩が強いのが現状である。

第11章
教育とイヌイット社会の問題

　今まで資料や筆者の調査でみてきたように、イヌイットの教育はなかなか改善されず、高校卒業率も伸び悩んでいる。また、法で謳われているイヌイット語と英語のバイリンガル人材も、思うように育っていない。イカルイトでは若者の英語化が進み、一方地方の小さなコミュニティでは、英語ができないためにバイリンガル人材が育っていない。インタビューで何人かのイヌイットが言及していたように、教育の改善にはイヌイット社会の健全化が必要である。本章では、イヌイット社会の問題を考察する。

1. 歴史的トラウマ

　筆者のインタビューで、数人のイヌイットから「自分たちは寄宿学校や強制移住（relocation）で白人にひどい目にあわされ、とてもストレスが多い」と聞かされ、今もイヌイット社会はトラウマ（心の傷）を引きずっているという現実を痛感した。寄宿学校や強制移住による急激な社会変化によるトラウマは、現在のイヌイット社会や個人に強く残っている。この歴史的トラウマに関して、次のように述べられている。

> 　Traumatic loss in Inuit society stems from historical trauma that can be passed on across generation within some families, resulting in ongoing grief and suffering in the present.

　イヌイット社会のトラウマ的喪失感は、一部の家族に代々伝えられてい

る歴史的トラウマに端を発する。その結果、今でも悲しみと苦しみが続いている。[ITK 2016b: 36]（筆者訳）

寄宿学校の体験（第5章2節参照）、植民地主義と急激な変化からくるイヌイットのトラウマなど、心の傷は代々イヌイット社会や家族に受け継がれ、現在の悲しみや苦しみに結びつき、さらには高校中退などの原因になっている。

... the residential school experience has significantly contributed to drug and alcohol abuse, violence, and sexual abuse issues, compared to non-First Nations and non-Inuit Canadians.
　非ファースト・ネイション、非イヌイットと比較して、明らかに寄宿学校の経験は、（イヌイット社会の）麻薬やアルコール中毒、暴力、性的虐待の問題の要因となっている。[Brooker 2015: 111]（筆者訳）

麻薬、アルコール中毒、暴力、性的いじめなどは、寄宿学校での体験による心の傷を癒すために行われている。また、暴力やいじめなどは、自分が被害にあったことを妻や子供など弱い立場の家族に科すというかたちで現在に受け継がれている場合が多い。トラウマの要因やその結果の社会問題を考察する。
　当時のイヌイットの寄宿学校への不信感は、現代の学校教育に対する親の不信感として残っている。

Neil said, "The residential school legacy still lives on, here in the parents."..."There isn't much parent involvement, unless it's Christmas concert or those normal things."
　ネイルがいうには、寄宿学校の（負の）遺産は、いまだにこの地で親のなかに残っている……クリスマスの音楽会や定期的な行事以外には、親はあまり学校と関わろうとしない。[Preston 2016: 120]（筆者訳）

プレストン（J. P. Preston）の教員へのインタビュー調査の、「親の学校への無関心さは寄宿学校時代の負の遺産である」と感じている教員、ネイルの事例で

ある。

　初期の寄宿学校は教会運営の小学校のみであったが、その後、連邦政府運営の小学校、中学校、高校、職業学校もでき、数も増えた。教会運営の寄宿学校は、1950 〜 1960 年代にかけての連邦政府による定住化政策とあわせた公立の平日学校の寄宿学校と並行するかたちで存在した。1969 年の寄宿学校の宿泊施設 (hostel) 登録者は、連邦政府運営に 253 名、連邦政府所有、教会運営に 317 名であった［Truth and Reconciliation Commission of Canada 2015: 164］。

2. イヌイット社会の貧困

(1) イヌイットの収入

　イヌイット社会は定住化、学校教育などで急激な変化を遂げたが、なかなか高校卒業率も伸びず、1 人あたりの収入は少ない。2011 年の国勢調査 (Statistics Canada) によれば、15 歳以上のイヌイットの平均収入は 20,401 ドル、24 〜 54 歳の平均収入は 29,047 ドルである［Statistics Canada 2011］。イヌイット社会は前述したように、学歴もさまざまで、高学歴ほど高収入である。学歴、収入の格差が大きい。高校卒業の資格を持っていないイヌイットの収入は少なく、連邦政府からの生活福祉金に頼っている人が多い。4 分の 3 のイヌイットが住む北部の物価は南部の 2 倍であり、子供の数も平均 3 人と多いので、実際の生活はかなり苦しい。

　　ITK (Inuit Tapiriit Kanatami) says half of Inuit adults earn less than ＄20,000 and half of the residents qualify for social assistance.
　　ITK (イヌイット・タピリート・カナタミ) は、イヌイットの成人の半分は 20,000 ドル以下の収入で、住民の半数は生活保障金を受ける資格があるといっている。［Hierbert et al. 2016: 111］（筆者訳）

(2) アマルディア・センにもとづくイヌイットの貧困の分析

　イヌイットの収入をみてきたが、貧困を収入のみで判断をせず、『アマルディア・センの世界』［絵所、山崎 2004］をもとに、もっと広い見地から貧困問題を

考察する。センは貧困問題に関して、従来の伝統的な枠組みのなかで論じられ、計測されてきた所得や消費支出の分析では不十分であり、ファンクショニング（functioning、機能）を物差しとし、ケイパビリティ（capability、できること）が剥奪されている状態を貧困とみなすことを提唱している。

ヌナブト準州の低い平均収入のみにより貧困と決めつけるのではなく、センの提唱するファンクショニングの観点から分析する。四つのファンクショニングにもとづき考察する。

a) ヌナブト準州では十分な仕事が与えられているか

ヌナブト準州の15歳以上の職業人口16,000人のうち、雇用されている者は13,900人、雇用されていない者は2,200人で改善はされてきているが、非雇用率は13.5％で高い［Government of Nunavut 2016］。販売やサービス業が男女とも多いが、土木、建築関係には男性が多く、教育、準州政府関係には女性が多い。しかし、約半数を占める高校を卒業していないイヌイットは、なかなかよい職業に就けない。産業もあまりなく、職業の内容が限られており、十分な雇用は得られない状況である。高校卒業率が低い、よい仕事に就けない、収入は十分ではない……という悪循環に陥っている。一方で、高校卒業後、専門学校、カレッジ、大学などに進学したイヌイットは、ほぼ学歴に応じてよい職業、収入を得ており、イヌイット社会の格差は広がっている。

b) 差別的待遇を受けているか

ヌナブト準州では、職場で、イヌイット以外の白人のカナダ人が管理職になる比率が高く、次にイヌイットの男性、イヌイットの女性という差別の構造がある。ヌナブト準州の15歳以上の給与収入者（イヌイット以外を含む）は男性10,910人、女性10,345人であるが、平均収入は男性28,225ドル、女性23,603ドルと、女性の収入は男性の約80％である［Statistics Canada 2011］。学歴の問題、社会的な不平等で、イヌイットはなかなか管理的な仕事に就けない。イヌイットのなかで「女性のほうが同じ仕事でも4分の3の収入しか得られない」という、30代女性への筆者のインタビューにもあるように、イヌイット社会にはさまざまな差別がある。

c) ヌナブト準州では住居環境はよいか

ヌナブト準州では、自分の家を所有している数は1,815所帯、借家などは

第 11 章　教育とイヌイット社会の問題

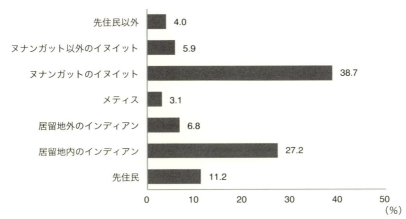

図 11-1　イヌイットの家の状況（狭いと感じている人の割合）
（Statistics Canada 2015: 1 より筆者作成）

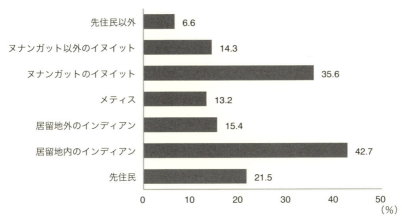

図 11-2　イヌイットの家の修理必要度
（Statistics Canada 2015: 2 より筆者作成）

6,845 所帯であり、広さも 2 ベッド・ルーム以下が約半数を占めている［Statistics Canada 2011］。住宅環境はカナダの平均に比べるとかなり悪い。イヌイットは連邦政府の建てたアパートなどの借家に住んでいる。住宅状況は少しずつよくなっているが、それでも狭いと感じているイヌイットは 38.7％と多い（図 11-1）。

カナダは住宅事情がよいので、先住民以外で住宅が狭いと感じている割合は 4％と低い。とくにヌナンガットのイヌイットは、38.7％が住宅の狭さを感じ

ている。ヌナンガット以外、南部に移住したイヌイットの住宅事情はよいとされているが、実情はホームレスも多い。ヌナブト準州では借家が圧倒的であるが、狭いと不満を抱えているので、質の良い借家用の住宅建設が必要である。

また、家やアパートが古く、修理が必要であると感じているヌナンガットのイヌイットの割合は、図 11-2 のとおり 35.6％で高い。居留地のインディアンが 42.7％と、いちばん修理を必要としている。ヌナブトは連邦政府管轄下の準州であり、長年の伝統からイヌイットはまだ家や土地を所有するという観念がないので、連邦政府は借家の修理を含めた十分な管理を行う必要がある。狭い住居は、暴力や中退の原因となっている。

d) ヌナブト準州では、十分な栄養を与えられているか

イヌイット社会は、定住化、近代化にともない、以前の狩猟、漁撈、採集による食べ物の分配制度から現金で食料を買うことが多くなり、収入不足などから家庭での食料不足が深刻である。

> In northern Canada, the Inuit's transition from a culturally traditional to a Western diet has been accompanied by chronic poverty and provoked high levels of food insecurity, resulting in numerous negative health outcomes.
>
> カナダ北部では、イヌイットが伝統文化的な食事から西欧風の食事に変わったことは、慢性的な貧困をともない、高レベルの食料不足を引き起こした。その結果、（イヌイットは）否定的、マイナスの健康状態となった。
>
> ［Hiebert and Power 2016: 104］（筆者訳）

図 11-3 は、イヌイットの地域別食料不足度、空腹度を示しているが、ヌナブトはヌナンガットのなかでもいちばん、食料不足度、空腹度が高い。南部や他の地域と結ぶ道路がなく、高い航空運賃で運ばれてくること、現地はツンドラ地帯で野菜などは育たないことに起因するが、狩猟、漁撈で得たものをもっと販売することも考えてはいかがであろうか。

イヌイットは収入不足から、十分な食料が買えない状況である。結果として、イヌイットの健康状態は悪く、ヌナブト準州で「たいへん健康である」と感じている割合は、図 11-4 で明らかなように 39％と低い。

第 11 章　教育とイヌイット社会の問題

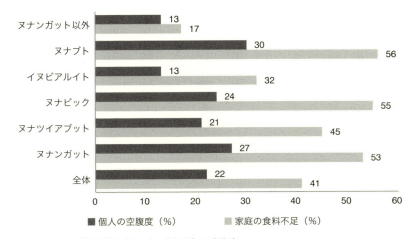

図 11-3　家庭の食料不足度と個人（15 歳以上）の空腹度
（Wallace 2014: 17 より筆者作成）

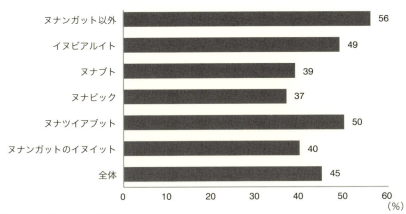

図 11-4　イヌイットの健康度
（Wallace 2014: 7 より筆者作成）

　以上、ヌナブト準州では、四つのファンクショニングを物差しとして考察すると、いずれも欠如しており、ケイパビリティが十分に与えられておらず、貧困の状態にあるといえる。
　イカルイトの高校長の話では、「高校まで授業料がただであるが、貧困が原因で、家族を支えるために中退し職業に就いたり、ベビー・シッターなどのために学校を休みがちになり中退するケースが多い」とのことである。イヌイッ

ト社会の貧困は、教育の妨げとなっている。

3. 暴力、飲酒

　イヌイット社会のトラウマの結果であり、イヌイットの高校中退と関わる問題として暴力が挙げられる。イヌイット社会では家庭内暴力、とくに夫による妻への暴力がいちばん多い［Billson *et al.* 2007: 289］。筆者は現地で貴重な資料、『イヌイット男性、健康について語る』（*Inuit Men Talking About Health*）［National Aboriginal Health Organization 2008］を入手することができたが、19人のイヌイット男性へのインタビューにもとづいた研究をまとめたものである。

　かつてのキャンプなどの移動生活では、男性はキャンプやイグルーの建設、狩猟、漁撈による食料の確保など生活の重要な部分を担い、文字どおり中心的で頼りがいのある存在であった。しかし、定住生活と急激な変化により、その多くは必要性が少なくなり、代わりの仕事も十分でないために、怒りや戸惑いを暴力というかたちで表すイヌイットの男性が増えた。ヌナブト準州政府で働くイヌイットは女性のほうが多く、教育レベルも女性のほうがやや高いので、現在のイヌイット社会の女性は食料の稼ぎ手（bread winner）である場合が多い。従来の家族のバランスが崩れ、男性の暴力というかたちで表れている。

> 　A man might exert abusive power when he perceives his woman as the dominant force in the relationship. Rachel, a housing officer who separated from her husband explains, "In my case, I was working and he was not, so the relationship didn't work out. It seemed like he was threatened about anything."
> 　男は妻が支配的になるという関係では、権力を濫用する。夫と別れた、住宅関係の事務員のレイチェルは、「私の場合、私は働いていたが、夫には仕事がなかったので、関係はうまくいかなかった。夫は何かにおびえているようであった」と説明している。［Billson *et al.* 2007: 295］（筆者訳）

　イヌイットの女性のほうが変化にうまく適応しているがゆえに、職業を得た女性が仕事のない夫から暴力を受けたり、関係がうまくいかなくなったりする。

第11章　教育とイヌイット社会の問題

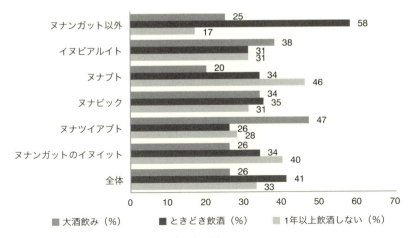

図 11-5　イヌイットのアルコール依存度（15 歳以上）
（Wallace 2014: 12 より筆者作成）

また、ヌナブト準州では個人へのアルコール販売は禁止されているが、実際にはこっそり入手する者もけっこういて、暴力はアルコール中毒と結びついていることも指摘されている。

 High rate of alcohol and drug abuse persist in the territory despite the complete prohibition of alcohol in some Nunavut communities.
 ヌナブトの一部地域では、完全にアルコールが禁止されているにもかかわらず、高い基準のアルコール飲酒、麻薬乱用が準州内にはびこっている。
［Brooker 2015: 114］（筆者訳）

　イヌイットのアルコール依存度を図 11-5 に示す。ヌナブト準州では、かなりの地域で飲酒は禁じられていることもあり、まったく飲酒しない人が 46％であるのに対し、毎日あるいはときどき飲酒する人は 34％、大酒飲み（heavy drinker）は 20％である。飲酒と暴力は関連性が高いことを考慮すると、飲酒率は問題である。
　『イヌイット男性、健康について語る』[National Aboriginal Health Organization 2008] のインタビュー調査の結果によると、暴力をふるう原因は以下のとおり

である。
- 経済的にゆとりがなく、食べ物も十分ではない
- 家がせまく、ストレスが多い
- イヌイットの文化が喪失された
- 自分の不満の感情を表現するには暴力がいちばん手っ取り早い

また、このように家庭で暴力を見て育った子供は学校で暴力を振るいやすい。とくに男子生徒にこの傾向がみられる。イヌイット社会の暴力と飲酒は、子供の心の傷の問題として、欠席や中退の一因となっている。

4. 麻薬といじめ

麻薬の使用（substance or drug abuse）も急激な変化などによるストレスからくるイヌイット社会の大きな問題である。図11-6により、ヌナブト準州は北西準州より麻薬の使用が多いこと、マリファナ、シンナー、コカインの順に使用されていることがわかる。最近ではマリファナに次いで、若者のシンナー使用が増えている。

> The most prevalent drug in Nunavut is marijuana. However, solvent abuse is becoming more common, especially among Inuit youth. First nations and Inuit youth has been linked to high rates of poverty, boredom, loss of self-respect, unemployment, family breakdowns as well as poor social and economic structures.
> ヌナブトでいちばん乱用されている麻薬は、マリファナである。しかしながら、シンナーの乱用がとくに若いイヌイットの間でますます普通になってきている。ファースト・ネイションとイヌイットの若者は、貧しい社会、経済構造と同様、高い率の貧困、倦怠感、自信の喪失、非雇用、家族の崩壊の問題を抱えている。［Brooker 2015: 114］（筆者訳）

麻薬の使用は、ファースト・ネイション（インディアン）やイヌイット社会の貧困、倦怠感、自信の喪失、非雇用、家族崩壊などの社会、経済的問題と深く関わっている。

第 11 章　教育とイヌイット社会の問題

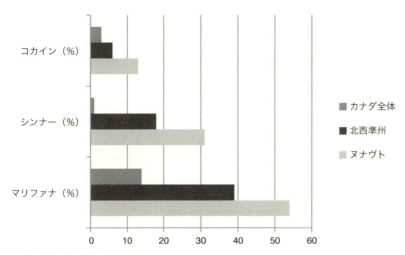

図 11-6　麻薬の使用状況
(Billson *et al.* 2007: 189 より筆者作成)

イヌイットのミーカ（Meeka）は、自らの麻薬に関する経験から次のように述べている。

　　Meeka worries about the children ; "My biggest concern is that drugs are coming up to North so much. I was taking drugs now and then when I was growing up. I know it's very hard to resist when you are young; when you get older, you can kick them off."
　　ミーカは子供たちのことを心配している。「私の最大の心配は、麻薬が北部に相当入ってきていることである。成長過程で私もときどき麻薬をやった。若いときは断れなかった。年をとり、大人になれば、麻薬なんか蹴散らせるけどね」。[Billson *et al.* 2007: 189]（筆者訳）

現地での話によると、麻薬は、カナダ南部の麻薬を扱う業者から、イヌイットの業者の手に簡単に渡るとのことであった。高校の友人などから「麻薬を使うと気持ちが高まっていいよ」と勧められる場合が多いが、若いうちはすぐその誘いにのってしまうことがうかがえる。マリファナやシンナーなどの麻薬使用は、Statistics Canada（APS）[2012] や筆者の調査にあるように、高校中退の原

因となっている。

　また、高校中退の原因として、「いじめ」(bullying) が筆者の調査で挙がっている。筆者がイカルイトの高校で入手した *SOS Safety Magazine* によれば、次の点が述べられている。

いじめる側：
・自分が社会で受け入れられていない、あるいは自分の居場所が曖昧であり、不安感がある。
・他人に対する嫉妬心が強いが、それを素直に表せず、他人をいじめるという行為に出る。
・他人から注目されたいという願望が強い。
・自身も家庭などで親から大事にされなかった。

いじめられる側：
・クラスで知的な発言があったりして目立つ。
・非常にもの静かである。

　現地の校長らの話では、3〜6年生ごろからいじめの現象がよくみられるようになるという。この時期のいじめは、殴るや蹴るなど身体的苦痛を与えるもの、仲間外れにする場合、悪口のゴシップをいう場合などであるとのことである。また7〜12年生では、ゴシップ、あざけり、仲間外れなどである。いじめは中退に結びつく以外に、自殺につながることも研究の結果明らかになっている［Hong *et al.* 2014］。

　「いじめ」はどの社会にもあるが、とくにイヌイットは自らの文化などを奪われて、自身の居場所が曖昧であり、ストレスを感じていることも、いじめの原因となっている。

5. 文化の喪失

(1) 失われたもの
　イヌイット社会は定住化と急激な社会変化により改善されたプラスの面と

第 11 章　教育とイヌイット社会の問題

失ったマイナスの面があるが、ビルソン（J. M. Billson）たちは次のように述べている。

> Although government intervention controlled widespread starvation and tuberculosis, few Inuit now live well by their own and by southern standard. The Inuit have positive gains since resettlement, but social change has taken a heavy toll. Many Inuit believe that the negative consequences of resettlement substantially offset the gains.
>
> 　政府の介入は、（イヌイット社会に）広がっていた飢餓と結核をコントロールしてくれたが、現在でも自分たちだけの力で、南部並みの生活をしているイヌイットはほとんどいない。定住化以来プラスの面も多かったが、社会変化は多くの犠牲をともなった。多くのイヌイットは、定住化によるプラスよりマイナスのほうが大きいと考えている。
> ［Billson and Mancini 2007: 159］（筆者訳）

連邦政府の管理下に入り、飢餓や結核が減少するというプラスの面があったが、現在自らの力だけで南部並みの生活ができているイヌイットはほとんどいない。定住化と急激な社会変化でプラス、マイナス両面を考えると、マイナス面、否定的な面のほうが多いとほとんどのイヌイットは信じている。次に、イヌイット社会で「失われたもの」を考察する。ビルソンたちは次のように述べている［ibid.: 159-160］。

弱まった文化
・イヌイット語使用の減少
・伝統的な価値、文化、宗教の衰退
・長老への尊敬の念の減少
・狩猟や縫製技術の弱体化

家族関係
・正式な結婚率の減少
・離婚率の増加

・女性に対する暴力の増加
・子供、年寄への虐待のわずかな増加

　イヌイット語の使用の減少とともに、伝統的な価値、文化が衰退し、イヌイット社会に大きな影響を与えてきた。具体的には、まず、大地（彼らの言葉でヌナ、nuna）との絆、自然との一体感、動物を迎え入れ解体し分配するやり方、体で覚える教育、精霊（イヌア）にもとづく命名などである。宗教は、シャーマニズムがほとんどなくなり、大多数のイヌイットがキリスト教に改宗している。
　また、かつては大家族で移動生活を送っていたが、そのなかで長老から教えられることが多く、長老は尊敬されていた。定住化で核家族化したこと、イヌイット語を話す長老と英語のほうが得意な若者との間の言語的な問題などから、若者と長老の間のギャップは大きくなり、長老に対する尊敬の念は減少している。狩猟は以前の犬ぞり、弓矢から、スノー・モービル、ライフル銃などを使用するようになり、定住化による生活の変化、費用がかかることなどから減少している。その結果、狩猟と解体後の皮の縫製技術の若者への伝承は減ってきている。
　都市部の若者は白人のカナダ人とほぼ同じ食生活を営む者が多い。筆者はイカルイト滞在中、ヌナブト北極カレッジの食堂のテイク・アウトをよく利用したが、メニューはピザ、ハンバーグ、シチュー、サラダ、パン、クッキーなどであり、イヌイットの学生の多くもそれらを食していた。
　家族関係は大家族から核家族へ変化したが、とくに結婚の形態の変化が大きい。以前はほとんど親や親族によって幼いときから決められた結婚であった。正式の結婚ばかりではなく、コモン・ロウ（common law）と呼ばれる同居結婚も多かったが、離婚はほとんどなかった。最近は自分で相手を選ぶことが多くなり、後述するように、自由な性関係で妊娠しても男性が責任をとらない場合も多いなどの理由で、離婚や一人親の率が増えている。また、従来は狩猟、漁撈は男性、獲物解体後の料理や皮の縫製、子育ては女性と役割が決まっていてバランスがとれていたが、定住化後は男性の狩猟、漁撈が減り、働きに出る女性が増え、家庭内の男女のバランスが崩れてきた。

(2) 学校教育とイヌイット文化

また、学校教育へのイヌイット文化導入という観点では、ヌナブト準州の高い中退率が改善され、イヌイットが誇りを持ち、学業に専念するためには、現在のカリキュラムのイヌイットの伝統知識（IQ）の導入では不十分であると考えられる。

筆者のアンケート調査では、イヌイットに教えるべき文化に関する項目として、イヌイットの歴史、伝統的な技術がおもに挙げられていた。歴史は社会系列で教えられているが十分ではなく、技術を教える科目はあまりない。エアーズ（M. Ayres）によると、正式のカリキュラムには入っていないのだが、学校あるいはキャンプなど特別な場で長老により、伝統的な技術が教えられることがある［Ayres 2012: 24］。正式のカリキュラムのなかでも、イヌイットにより、今のイヌイットの生活に役立つ伝統的な技術を教えるべきではないだろうか。ヌナブト北極カレッジの教員養成プログラムに、イヌイットの歴史や伝統的な技術をもっと導入し、将来教員になる学生がそれらを身につけるべきではないだろうか。

ヌナブト準州教育省は長老から若者が学べる場をできるだけ提供しようと努力しているが、イヌイットの伝統知識（IQ）を効果的にカリキュラムに導入する方策を考慮すべきである。イヌイットにとって、自らの文化が重んじられない文化喪失の状況は、中退の原因となる。

(3) イヌイット文化

イヌイットの自然観に関して大村［2013: 40-41］は、欧米近代社会の自然対人間という二元論的自然観に比して、自然と人間を一体と考えるイヌイット社会の一元論的自然観は主観的、非合理的で、近代科学と肩を並べる知的所産とは考えられてこなかったが、近年は近代科学と対等な知的所産として認められるようになってきたと述べている。1950～1960年代の英語および欧米文化への同化政策のもとでは、イヌイット語もイヌイットの伝統知識も価値のないものとみなされ、当然消えてなくなり、イヌイットは英語を話し、欧米文化を享受するだろうと考えられていた。しかしながら、1969年から教育が北西準州に委譲され、先住民運動も盛んになった。多文化主義のもとイヌイット語とその

図 11-7　伝統的な衣装の親子の絵
(2016 年 9 月、イカルイトで筆者撮影)

文化は承認され、イヌイットは同化されることなく、自らの言語、文化を守ろうと努力してきた。

　イヌイットの伝統知識（IQ）には、欧米の近代科学にはない、学ぶべき点が多い。資本主義経済における乱獲による自然破壊などの欠点を是正するために、自然と共生するイヌイットをはじめとする先住民から学ぼうという機運が盛り上がっている［ibid.: 42］。イヌイットは、乱獲し売買して儲ける近代資本主義経済の担い手と異なり、自然の秩序を乱さない範囲で、自分たちに必要な分のみを狩猟する。獲物は解体後、肉は食料に、骨は道具に、皮は衣服にと無駄なく利用されてきた。また人間が動物を支配するのではなく、動物を擬人化し、イヌア（精霊）が宿る不死の存在として適切に遇することにより、新たに甦ると考える［ibid.: 57］。このような考え方にもとづき、獲物は解体され、分配されてきた。イヌアは人間にも適用される。生まれた赤ん坊のイヌアを見抜

くことが大切とされ、子供は見守られて育てられた［岸上 1998: 125］。このような、万物には精霊が宿り、それらを敬う価値観は、イヌイットの伝統として継承されるべきであろう。

筆者の体験では、イヌイットの若者にも、IQ にもとづく道徳、礼儀のよさが十分浸透していると感じた。ヌナブト成立後、IQ はすべての準州政府の政策の基盤であると規定された。だが実際には、欧米文化とまったく異なる考え方なので、イヌイット以外の白人などには、本当に理解することは難しいと考えられている［McMillan 2015: 24］。現在、資本主義にもとづく経済基盤が揺らぎ、世界は混乱を極めているが、今こそ、先住民の自然を大切にし、自然と一体となる考え方に学ぶ点が多いのではないだろうか。

本書では、イヌイットの伝統知識（IQ）を変わらないものとして捉える本質主義的な考え方ではなく、状況依存的で変化するものとして捉える。過去の伝統的な知識から、社会変化を経た現在のイヌイットに必要であり、大切なものを現在の IQ として残し、伝えていくことが大切である。伝統的な技術のなかには、現在の生活には不要なものもあると考えられる。そのうえで、教育にイヌイット文化をなるべく導入すべきである。

6. 10代の妊娠とメンタル・ヘルス

(1) 10代の妊娠

とくに女子生徒に多い中退の原因である 10 代の妊娠（teenage pregnancy）について考察する。イヌイット社会では、正式の結婚というよりは、男女がいっしょに住み始めることでカップルができることが多く、その後数年して正式に結婚する場合もある。以前は女性が初潮を迎えると、親の決めた男性といっしょに住むのが通例であった。また、あまり正式の結婚という形式にとらわれない傾向がある。筆者がインタビューをした 60 代後半の男性は、「ガール・フレンドといっしょに住み 4 人の子供をもうけたが、その後別れ、現在の家内と今度とは正式に結婚した。別れたガール・フレンドとは、家内ともども今も行き来している」とのことであった。イヌイット社会は必ずしも結婚という形式にとらわれず、今でも正式の結婚と日本の同棲に近いコモン・ローの結婚の比率は約

2 : 1 である［Statistics Canada 2011］。また、子供が妊娠した場合、親や祖母が養子として育てる場合もある。10 代の妊娠はよくあることで、カナダ全体と比べると比率は 4 倍と高い［Moisan *et al.* 2016: 1］。カナダ全体の第一子を産む年齢は 26 歳平均に比して、イヌイットの平均は 19 歳である［Archibald 2004: 6］。

10 代の妊娠は、イヌイットの社会、経済的な要因からきていることが指摘されている。

> Among Inuit as well as other populations、 low income and low education have been extensively studied and are common socio-economic factors associated with teenage pregnancy. Living in overcrowded house and in a house in need of major repairs are the factors related to teenage pregnancy among Inuit and First nations from Canada.
>
> ほかの人たち（先住民）同様、イヌイットには低い収入、低い学歴（教育）が大規模な研究の結果明らかになっており、10 代の妊娠に関連した社会、経済的要因が一般に見受けられる。カナダのイヌイットやファースト・ネイションの間では、狭い家、修理の必要な家に住むことは、10 代の妊娠に関連する要因である。［Moisan *et al.* 2016: 2］（筆者訳）

低い教育と収入、狭くて修理が必要な家に住んでいるという、社会、経済的な要因が 10 代の妊娠を促進している。

> Anecdotal evidence suggests that it may be possible that social housing policies in the circumpolar North have, as an unintended consequence, an influence on early pregnancies, as having children might be a way from dysfunctional household.
>
> 秘話の証拠は、予期せぬ結果として、北極地方の住宅政策が 10 代の妊娠に影響を与えている可能性を示唆している。なぜなら、子供を持つことは、狭い家からの逃げ道となりうるからである。［ibid.: 4］（筆者訳）

住宅事情の悪さから逃れるために、イヌイット社会では 10 代の妊娠が多いと

もいえる。イヌイット社会の早婚の慣習や貧困に関する要因以外に、現在は若者が以前より自由になっていることが、10代の妊娠に結びついていることも指摘されている。

>Nowadays, Inuit teenagers get pregnant more often because they are too free, their parents allow them to stay out too late; before, young people were not allowed by their parents to roam at night. Having a boyfriend too early, like 16 years old., they stay out late now. In the old days, young women had to go home early, like 10:00 p.m.
>今日、イヌイットの若者はあまりにも自由で、親は外で夜遅くまで遊ぶことを許しているので、イヌイットの10代の妊娠はしばしばある。以前は、親が若い子に夜うろつくことを許さなかった。今は16歳くらいでボーイ・フレンドを持ち、夜遅くまで外にいる。昔は、イヌイットの女性は、たとえば、夜10時くらいになると急いで帰宅しなければならなかった。
>[Archibald 2004: 11-12]（筆者訳）

(2) メンタル・ヘルスとの関連

麻薬やアルコールの使用と10代の妊娠の関連が深いことも指摘されている [ibid.: 11]。10代で妊娠する女性は、メンタル・ヘルスの問題を抱えている場合が多い。

>Documented psychosocial factors linked to teenage pregnancy are aspects of self-esteem, attitude towards peers as well as tobacco, drug, and alcohol use. Significant distress among female youth has also been related to an increasing risk of unprotected sex and of being pregnant. Girls between 15 and 19 years old diagnosed with a mental illness, such as depression, bipolar disorder, and schizophrenia, are almost three times more likely to become pregnant as adolescents than those without such a diagnosis.
>10代の妊娠に関して記録されている心理社会的要因は、タバコ、麻薬、アルコールの使用と同様に、自己評価と仲間に対する態度である。(イヌイッ

トの）若い女性の深刻な悩みは、増えつつある予期せぬ性交渉と妊娠のリスクである。15 歳から 19 歳のうつ病、躁うつ病、精神分裂症といったメンタル・ヘルスの病と診断された少女は、そのような病のない思春期の少女の 3 倍、妊娠する傾向にある。［Moisan *et al.* 2016: 2］（筆者訳）

15 歳から 19 歳の、うつ病、躁うつ病、精神分裂症などと診断された女性の妊娠率は、そのような病気のない女性に比べると 3 倍となっている。10 代の妊娠は、イヌイット社会の低学歴、低収入、住宅事情の悪さなどの経済的要因、歴史的トラウマ、急激な社会変化などからくるメンタル・ヘルスの問題と深い関わりがある。

(3) 新しいサポート体制

　以前は 10 代の妊娠は親の決めた相手との関係による場合が多かったので、家族の理解や協力が得られたが、現在は相手を自由に選べる場合が多い反面、妊娠してから男性が責任をとらず、一人親になる場合も多い。ヌナンガットのイヌイットの一人親の比率は 25.1 ％である［Statistics Canada 2016: 4］。高校在学中に妊娠をしたが、母親が現金収入の仕事で忙しく子育てを助けてもらえなかったり、パートナーが責任をとらず一人親になり学業を続けられなかったりすることが多い。現地での話では、以前は母親や祖母が家庭にいて、助けてもらえる場合が多かったとのことである。最近ではデイ・ケア（day care、託児所）に子供を預け、学業を続ける場合も増えてきた。

> 　　If daycare is available, it may not be necessary for pregnant youth to endanger their education: "High school students get more assistance these days ..."
> 　　もしデイ・ケアを利用できれば、妊娠した若者が自分の教育を犠牲にすることもない。「今日では、高校生は（外部からの）助けを以前より得られる」……［Archibald 2004: 10］（筆者訳）

以前の家族による子育てサポートから、公的なサポートに変わりつつあることは、イヌイット社会の変化の一つである。

第 11 章　教育とイヌイット社会の問題

　以上、現在のイヌイット社会で、10代の妊娠が多く、とくに女性の高校中退の主要原因となっていることを考察した。

7. まとめ

　資料やインタビュー調査で、イヌイットの教育の問題は、イヌイット社会の抱える問題と深く関連していることが明らかになった。本章では具体的に、とくに高校の中退などの要因となっているイヌイット社会の問題を考察した。

　寄宿学校や連邦政府の平日学校でのイヌイット語やイヌイット文化の無視、英語や欧米文化への同化教育は、イヌイットに深い心の傷、トラウマを負わせ、学校への不信感も生み、なかなかイヌイットの教育は成功しない。トラウマと関連する暴力、麻薬、いじめなども、教育がうまくいっていないことの要因である。また、上に進むほどイヌイットの文化を導入しないカリキュラムは、イヌイットに文化喪失感を与え、高校中退の要因となっている。

　貧困は、狭い家での勉強の障害、食料不足による健康状態の悪さ、家計の援助のための仕事などというかたちで、中退の要因となっている。また、過去のイヌイット社会の10代の結婚は、自由な男女関係による10代の妊娠というかたちに変わり、とくに女性の高校中退の原因となっている。第5章1節で述べたように、学校教育導入以前のイヌイットの教育は、自由で、自然に見よう見まねで覚えるやり方であった。そのため学校教育が導入されて60年も経過しているにもかかわらず、なかなか学校教育が完全にイヌイット社会に浸透していない。

第12章
ほかの先住民言語との比較と現在のヌナブト準州の問題

1. グリーンランド

(1) グリーンランドの事例

　筆者のインタビューの報告のなかで、ヌナブト北極カレッジの司書のイヌイットが「ヌナブトは成功しているグリーンランドを見習うべきである」といっていたこともあり、グリーンランドの事例を調べ、ヌナブト準州と比較し、とくに教育のしくみに関して考察する。

　グリーンランドは 2009 年にデンマーク王国との間でグリーンランド自治政府合意 (The Greenland Self-Government Arrangement) を結び、同年 6 月 21 日にグリーンランド自治法（Act on Greenland Self-Government）が発効した。2016 年現在の人口は 56,483 人で、混血も入れてグリーンランドの 88％はカラーリットと呼ばれるエスキモー系で、12％はデンマーク人を主とする非エスキモーである。同法のもと、大多数のエスキモー系の人々の国際法にもとづく自治決定権が確認されている。また、グリーンランド自治法では、グリーンランドの唯一の公用語はグリーンランド語（エスキモー系の言語）であると規定されている。しかし、現実には、大多数のグリーンランドのエスキモー系の人々は、グリーンランド語とデンマーク語のバイリンガルである。

　デンマーク国王政府がグリーンランド司政官（High Commissioner）を任命するが、グリーンランドの首相は選挙で選ばれ、エスキモー系である。グリーンランド議会は 31 人の議員で構成されており、ほかにデンマーク王国国会に二つの議席を持つ。産業としてはクルマエビの輸出が多く、南部ではヒツジの牧畜

も行っていて、経済的にも比較的豊かである。

　州の公用語をグリーンランド語のみと規定し、ほとんどのエスキモー系がバイリンガルであるグリーンランドの言語・教育の歴史を述べる。

(2) グリーンランドの教育の歴史

　1721年にデンマークによるグリーンランド統治が始まり、ルター系のプロテスタント宣教師他による布教活動が始まった。その後学校もつくられたが、教師は教育・言語能力の高くないデンマーク人の宣教師や伝道師であり、人々の要求に応えられなかった［Olsen 2006: 1］。1845年に、グリーンランド人による教育ができるように、教員養成のカレッジがつくられた［ibid.: 1］。1905年には教育法が発布され、教員養成カレッジを拡大したが、授業の中身はデンマークの歴史、世界の歴史などで、グリーンランドの歴史などはあまり学ばなかった［ibid.: 2］。また、グリーンランドの若者のなかには、グリーンランド以外のデンマークの大学で学ぶ者も出てきた［ibid.: 2］。

　1953年のデンマーク憲法で、グリーンランドは植民地的な立場からほかの州と対等なデンマーク王国の州となった。教育はデンマークの基準に従い行うこととなり、デンマーク人の教員が多数雇われた［ibid.: 2］。1960年代の初期には、グリーンランド人でデンマーク語を話せるのは10～15％であったが、1964年の学校教育法以来、議論がなされ、デンマーク語をより重視したグリーンランド語とのバイリンガル教育が行われた［宮岡 1978: 177］。しかし、グリーンランド人の教育レベルの高い若者を中心にグリーンランド語を守り続けようという自覚と要求が強かった［ibid.: 177-178］。

　1979年のホーム・ルール（Home Rule）で、教育言語はグリーンランド語であると規定され、教育内容もグリーンランドの人々の要求に応えるようにすることが規定され、グリーンランドの教育は大きな変化を遂げる［Olsen 2006: 2］。教育制度は小学校、中学校の9年間の義務教育、その後の2年間の継続学校（Continuation School）、さらに上級をめざす人はコース・スクール（Course School）に進学できるようになった。1981年には、2年間の教員養成カレッジを4年制とし、教員の養成に力を入れた。1990年の新しい学校法（School Act）では、デンマーク語を話す生徒は、グリーンランド語を話す生徒のクラスに入って学ぶ

ことが規定されている［ibid. 2006: 3］。

(3) 現在のグリーンランドの学校制度など

公立学校は地方自治体の運営で、グリーンランド議会が法的基準やさまざまな規則を決めている［ibid.: 3］。教員の構成は、デンマークの白人対グリーンランドのエスキモー系が約 1：2 であるが、校長、副校長などの管理職は 3：2 くらいの割合で、デンマークの白人が多い［ibid.: 4］。

教材に関しては、次のように述べられている。

> As Greenlandic language is spoken by only approximately 50,000 people, there is a strong tradition among teachers in Greenland for the individual development of instructional materials, but instructional materials in the Greenlandic language have published, since the beginning of formal education in the previous century. In the lower classes there is a supply of good instructional materials in Greenlandic in all subjects, but the higher classes to a greater extent must make use of Danish language materials. At this time various educational materials are published in Greenlandic and Danish by the Greenlandic publishing house, Atuuakkiorfik.
>
> グリーンランド語を話している人は 5 万人ほどであるが、教材開発に関しては、グリーンランドの教員の間に強い伝統があり、前世紀の本格的な教育の始まり以来、出版されてきた。低学年用にはすべての科目において、グリーンランド語の教材は十分に供給されているが、高学年になると、かなりデンマーク語の教材を利用せざるをえない。現在、グリーンランド出版局、アトアキオフィックにより、グリーンランド語とデンマーク語でさまざまな教材が出版されている。［ibid.: 4］（筆者訳）

グリーンランドにおいても、高学年用の教材が不足していて、現在努力中であることがうかがえる。

1979 年のホーム・ルール以来、なるべくグリーンランドのなかで教育を行うために、高校卒業後の教育機関として、前述の教員養成カレッジのほか、14 の職業学校、社会教育カレッジ、ビジネス・スクール、グリーンランド語の小

規模な大学がある。

　グリーンランド大学（Ilisimatusarfik, University of Greenland）は 1987 年に創設され、グリーンランド語の文法、グリーンランドの文学、グリーンランドの歴史や政治を教授、研究してきた。グリーンランド大学には現在、四つの学部がある。教養学部（Institute of Learning）、看護・医療学部（Institute of Nursing and Health Science）、社会・経済学部（Institute of Social Science, Economics and Journalism）、言語文化・歴史学部（Institute of Culture, Language and History）である。高校卒業資格のグリーンランド語話者を入学者として受け入れている、小規模な大学である［ibid.: 5］。

　グリーンランド人はグリーンランド語とデンマーク語のバイリンガルが多いので、デンマークの大学に進む者も多い。200 名を超えるグリーンランドの学生が、デンマークの大学で学んでいる［ibid.: 6-7］。また、海外留学も推奨しているので、スカンジナビアや北アメリカの大学でもグリーンランド出身者が学んでいる［ibid.: 7］。

　以上、グリーンランドの事例を教育中心にみてきたが、まず、公用語がグリーンランド語のみであること、学校は地域運営でグリーンランド議会が大枠を決め、自治的に運営しているので、教育言語もグリーンランド語であること、教員も半数以上がグリーンランドのエスキモー系であること、グリーンランド語の教員養成の歴史は 150 年もあること、高学年用のグリーンランド語の教材はまだ不足しているが、低学年用のグリーンランド語の教材は十分あること、規模は小さいがゲストとして受け入れている外国人学生以外はグリーンランド語の話者のみを受け入れるグリーンランド大学があることなどが明らかになった。グリーンランドのエスキモー系の人たちがバイリンガルであることも納得できる。1960 年代初期には、デンマーク語を話せるグリーンランド人の割合は 10 〜 15％と低かったが、現在は教育言語をグリーンランド語にしているが、デンマーク語の教育にも力を入れている。デンマーク語はメディア、インターネット、中央政府の言語であり、グリーンランド人はグリーンランド語とデンマーク語を習得しているバイリンガルである。グリーンランドの事例はたいへん参考になる。

第 12 章　ほかの先住民言語との比較と現在のヌナブト準州の問題

表 12-1　グリーンランドとヌナブト準州の比較

	グリーンランド	ヌナブト
歴史	1953 年に州となる	1999 年に準州となる
公用語	グリーンランド語	イヌイット語、英語、フランス語
政治形態	自治政府の州	連邦政府管轄の準州
公立学校の運営母体	地方自治体	連邦政府
教育の大枠の決定	グリーンランド州議会	準州教育省（準州議会、イヌイット協会の承認）
教員構成	白人（デンマーク人）対グリーンランド人　1：2	白人（カナダ人）対イヌイット　2：1
公立学校の教育言語	グリーンランド語（1979～）	イヌイット語～英語、英語（フランス語）
大学	グリーンランド大学（グリーンランド語での教育）	ヌナブト北極カレッジ（英語での教育、一部にイヌイット語）
教材	小学校のすべての科目にグリーンランド語の教材あり	小学校のイヌイット語の教材不足

2. ヌナブト準州とグリーンランドの比較

　グリーンランドとヌナブト準州の比較を表 12-1 にまとめる。まず、グリーンランドは自治政府であり、教育に関する決定も州議会で行っているので、グリーンランド人の要望が反映されるしくみとなっている。また公用語はグリーンランド語のみで、教育言語もグリーンランド語である。教員構成もグリーンランド人のほうが 2 倍と多い。教材も、小学校ではすべての科目のグリーンランド語教材がある。また、グリーンランド語で教育するグリーンランド大学があり、マナブト北極カレッジでも一部のコースで学士号がとれるが、グリーンランド大学では四つの学部で学士号がとれる。またグリーンランド人はバイリンガルである。ヌナブト準州はグリーンランドの事例を参考にして、イヌイット語の保持をはかるべきであろう。

3. マオリ語とハワイ語の事例

(1) ニュージランドのマオリ語の事例

　世界の国で先住民の比率がいちばん高いのはニュージランドの約 20％（うちマオリは約 15％）であり、カナダは 4.26％で 2 番目に先住民の比率の高い国である ［Grishaeva *et al.* 2016: 351］。ニュージランドの先住民マオリ族は、1,000 年以

上前にカヌーで渡ってきたポリネシア系の民族である。1840 年のワイタンギ条約でマオリの土地、資源の保障と引き換えに主権を英国に譲渡した。

　学校教育では 1860 年代から英語への同化政策がとられ、マオリ語は衰退していった［岡戸 2002: 147］。しかし、家庭やコミュニティでは比較的マオリ語は使われ続け、1970 年代からの先住民運動のなかで土地問題、言語・文化保持のための権利要求がなされた。そして、1987 年にはマオリ言語法（Maori Language Act）が成立し、マオリ語はニュージランドの公用語となった。小学校で英語とマオリ語のバイリンガル教育が行われるようになり、さらに完全なマオリ語のイマージョン・スクールができ、3％のマオリの子供たちが 60 校のマオリ語イマージョン・スクールで学んだ［ibid.: 153］。政府がマオリ語復活に予算を注ぎ、イマージョン・スクールの教員はほとんどマオリである。公立学校で英語とマオリ語のバイリンガル教育を行うところも増えている。就学前の子供たちをマオリ語のみで教えるコハンガ・レオ（Te Kohanga Reo）は、1982 年の創設以来発展し続けている。その後 10 年間で 800 を超すマオリ語の就学前早期教育が展開され、成功を収めた［松原 2010: 34］。

　英語が優勢なニュージランドで、マオリ語が公用語になり、イマージョン教育、就学前教育がマオリの教員によってなされている。公立学校でも英語とマオリ語のバイリンガル教育が導入され、マオリ語をある程度話せるマオリの割合は約 50％となり、マオリ語復活にかなり成功したといえる。しかし、マオリ語を流暢に話せるマオリの割合は 8％なので、今後マオリ語をいかに再活性化するかは大きな課題である［岡戸 2002: 154］。

（2）　アメリカ・ハワイ州のハワイ語の事例

　マオリ語の影響を受けたアメリカ・ハワイ州のハワイ語復権運動は、1898 年にハワイ州がアメリカに併合されて以来とられてきた英語への同化政策に対する、ハワイ先住民のルネッサンスであった。1960 年代のアメリカの公民権運動が引き金となり、1970 年代からハワイアン・ルネッサンスが広がり、ハワイ先住民の民族の文化と誇りを取り戻そうという運動が活発化した。1978 年には条件つきではあるが、ハワイ語が英語と並んでハワイ州の公用語となった。州憲法では、次のように規定されている。

第 12 章　ほかの先住民言語との比較と現在のヌナブト準州の問題

英語とハワイ語をハワイ州の公用語とする。ただし、公的な法令文及び議事録にハワイ語が必要となるのは法律の規定がある場合のみとする。
（ハワイ州憲法第 15 条 4 項）［松原 2010: 33］

1970 年代当時はハワイ先住民の子供 3 万人のうち、ハワイ語を話せる者は 1％にも満たない状況で、公立学校におけるハワイ語教育の必要がいわれるようになった［ibid.: 33］。しかし、英語の強いアメリカの 1 州であるハワイでは、公立学校でのハワイ語教育には法的障害があり、ハワイ語教師たちは就学前の子供を対象としたハワイ語教育から手がけることとした。1984 年にカウアイ島のケカハに最初のハワイ語による保育センター、プーナナ・レオ（Punana Reo）が誕生した。続いて 1987 年にはハワイ島の 2 公立学校で k-1（幼稚園と小学校 1 年生）にハワイ語のみで教えるプログラムが設けられ、子供たちの満足度も高く成功を収めた［ibid.: 36］。

その後、1992 年にはオアフ島のワイアウ小学校の一部にハワイ語による教育コースが設けられ、ハワイ語イマージョン教育が行われた。結果同校の英語コースなどの生徒に比べ、英語、理科、算数、社会においてより好成績を挙げ、ハワイ語による教育がマイナスの要因にならなかった［ibid.: 55］。その後、ハワイ語コースを持つ小学校が増え、ハワイ島には 1994 年にハワイ語を教育言語とする中学校、オアフ島には廃校を利用して、幼稚園から高校（k-12）までをハワイ語で教育する学校ができ、ハワイ語復権の拠点となっている［ibid.: 76］。

さらに、1994 年にはハワイ大学（University of Hawaii）ハワイ語学部の傘下にハワイ語実験校として、ハワイ島に幼稚園から高校 3 年生（k-12）までのハワイ語イマージョン一貫校、ナーヴァヒー校（Nawahi Laboratory School）が誕生し、成功した。先住民言語の復興モデルとして、世界各地から来校者が絶えない［ibid.: 108］。現在、20 あまりのハワイ語イマージョン校で学ぶ子供は約 2,000 人で少数派であるが、ハワイ語は確実に復権している。

ニュージランドではマオリの比率が 15％と高い。マオリ語を国の公用語とし、予算を十分に注ぎ、先住民の教員によってイマージョン教育を行えば、言語は復活あるいは保持できることを示した例である。またハワイ州では、幼稚

園から高校3年生までのハワイ語のイマージョン教育の学校で、ハワイ語、ハワイ文化の継承に成功している。ヌナブト準州では、教員不足により、教育法の目標どおりにバイリンガル教育が行われていないのが現状である。一部にマオリ語やハワイ語の例で成功したように、イヌイット語の幼稚園から高校3年生までのイマージョン一貫校をつくれないものであろうか。

4. アイヌ語の歴史と現状

　アイヌ語は、日本列島で古来より話されてきたアイヌ民族の言語である。かつては北はカムチャッカ半島から南は東北地方にかけて分布していたが、現在は北海道に少数の話者がいるにすぎない。明治以降、日本政府が日本語への同化政策を推し進めたことで、アイヌ語話者は急速に減少した。元来文字を持たず、口承による文学を発達させ、多くの物語が親から子へと語り継がれた。内容は、冒険物語、神様の物語、昔の出来事や体験談などである。このような物語を聞くなかで、アイヌの子供たちは自然とともに生き、自然をうまく利用する術を学ぶことも多かった。現在ではアイヌ語はカタカナで表記されることが多いが、言語的には、孤立した言語である。

　では、次にアイヌ民族に対する日本語教育の歴史をみてみる。1875年の樺太・千島交換条約の締結により、樺太在住の841名のアイヌの人々が強制的に札幌近郊に移住させられ、アイヌの児童31名を対象とする仮教育所でのアイヌ語での教育が行われた。しかしながら、1899年の「北海道旧土人保護法」の成立後つくられたアイヌ学校では、日本語への同化教育が行われ、次第に本土と同じ国語読本を使用しての、本土の制度に準じる日本語教育が施行されていった［さかたあつよし 2010: 38］。

　日本語への同化を強制する一方で、根底にはアイヌ民族に対する根強い差別意識が存在していた。アイヌ語で「シャモ」と呼ばれる和人からの差別に耐え、アイヌの人々は日本語を話せるように努力せざるをえなかった。アイヌ語を通達、法令などで禁止したという事実はないが、学校教育の場ではアイヌ語の使用は禁止され、職場や公的な手続きのさいにもアイヌ語は使用できなかったので、生きるためにアイヌの人々は日本語を学ばざるをえなかった。アイヌ語が

第 12 章　ほかの先住民言語との比較と現在のヌナブト準州の問題

抑圧されていたことは事実である。そしてアイヌの人々自身がアイヌ語を家庭で使用することを断念し、子供を日本語で育てることを選択した。

　そして、アイヌ語は数世代のうちに衰退してしまった。現在では日常的にアイヌ語を話す少数の人は高齢であり、アイヌ語は消滅の危機のある言語となっている。2009 年にはユネスコにより、「危機に瀕する言語」として最高ランクの「きわめて深刻」の区分に分類された。しかし、アイヌ語は危機言語としては例外的に大量の録音資料が残されているので、今後のアイヌ語研究、学習にはその音声資料の活用が課題となる。1980 年代以降、世界的な先住民運動の影響も受け、アイヌ自身が中心となり、アイヌ語復興、アイヌ文化振興の運動をくり広げていく。そのような運動のなか、祖先から伝えられたアイヌ語を残そうと各地でアイヌ語教室が開かれ、またアイヌ語ラジオ講座の放送も行われ、一部の若い世代にアイヌ語に対する関心が高まっている。

　法的には、1899 年に制定された「北海道旧土人保護法」のもと、保護対策の対象とされたが、現実にはアイヌの人々は貧窮やシャモからの差別に苦しんでいた。1997 年には同法が廃止され、アイヌ文化の振興を含む「アイヌ文化振興法」が制定された。その第 4 条には、「国及び地方公共団体は、アイヌ文化の振興等を図るための施策を実施するに当たっては、アイヌの人々の自発的意思及び民族としての誇りを尊重するよう配慮するものとする」と書かれている。しかしながら、「アイヌ文化振興法」は狭義のアイヌ文化振興にのみ特化していて、民族の権利は盛り込まれていないとの批判の声も上がった。

　その後、2007 年に国連で「先住民族の権利宣言」が採択されたが、一部を本章第 6 節に記載している。2009 年には日本政府も「アイヌ政策推進会議」を発足させ、アイヌ政策を検討した。その結果として 2019 年に「アイヌ新法」が国会で可決、成立し、同年 4 月 26 日公布、5 月 24 日から施行の運びとなった。同法では初めてアイヌ民族を日本の先住民族として明記している。しかしながら、本書で明らかになったようなカナダのイヌイットに与えられた先住民としての集団的権利や土地に関する権利などはいっさい盛り込まれていない。この法に盛り込まれているのは、アイヌ文化振興、民族象徴空間の運営、政策推進計画の認定手続きなどである。同法に対しては、アイヌの人々の間でも賛否両論があるが、反対の人々は、今回の法案には欧米諸国が先住民に認めている土

地や漁業権が盛り込まれていないと批判し、撤回を求めている。前記民族象徴空間とは、2020年に北海道白老ポロト湖畔に誕生する予定の「国立アイヌ民族博物館・国立民族共生公園」のことであり、アイヌの歴史、文化を復興する公園として整備される。同公園の設立は、観光中心の表面的な共生にすぎないとの声もある。

　最後に、アイヌ民族の人口であるが、政府がアイヌ民族の存在を法的に認めていないので公式統計がなく、実態の把握はきわめて困難である。北海道に居住するアイヌ人口は約24,000人である［佐藤 2012: 29］が、15,000人前後という説もある。北海道以外に居住しているアイヌ民族に関しては、資料がないので不明である。アイヌ民族は独自の言語や文化を持っていながら、民族として認められないまま、日本社会における少数民族としてさまざまな不利益を甘受してきた。「アイヌ新法」成立により、アイヌ民族の法的地位の確立への新たな段階に入ることを願いたい。

5. 現在のヌナブト準州の教育に関する問題

(1) 教育の現場の問題

　ヌナブト準州では教育法、イヌイット語保護法などで、「高校卒業時にはイヌイット語と英語の完全なバイリンガル人材になるようにする」と書かれているにもかかわらず、実態はバイリンガル人材が育っていないことを述べたが、その原因の一つはヌナブト準州のバイリンガル教育にある。教育法で3モデルから各地域が形態を選べるしくみになっているが、二重モデルの英語ストリームでは、イヌイット語は科目として教えられているにすぎない。二重モデルのイヌイット語ストリーム、ほかの二つのイヌイット語バイリンガルモデル、バイリンガルイマージョモデルとも、教育法に書かれている内容どおりに行われていない。おもな理由はイヌイット語を教える教員の不足である。法律の規定どおりにバイリンガル教育を行うよう、努力すべきである。現状は、小学校3、4年生までイヌット語を教育言語とする移行型バイリンガル教育であるが、イヌイット語保持にはあまり役立っていない。

　また、2008年のヌナブト準州の教育法、イヌイット語保護法では、ヌナブ

ト準州の教育はイヌイットの伝統知識（IQ）にもとづくことが謳われているが、とくに高校など上級に進むにつれ、イヌイット文化の教育への導入が少なくなる。イヌイットは文化喪失を経験し、高校中退の原因となっている。

(2) ヌナブト準州の官僚的体質

　北西準州では、1977年以来10の教育学区に教育委員会が設けられ、さらにその下に各市町村単位の教育委員会も設けられた。選挙で選ばれた委員により、住民の声を反映した教育が検討された［岸上 1991: 28］が、ヌナブト準州成立後教育委員会は解消された。ヌナブト準州教育省、地域教育オーソリティ、校長という官僚的な教育行政が行われるようになり、大部分の住民のイヌイットの声が反映されにくくなった。

　この現象は、いったん多文化主義のもと、イヌイット語やその文化は建前上承認されたが、教育行政実施の段階で、白人優位のホワイト・カルチュラリズムの体質となり、改革を遅らせていると考える。いちおう、教育行政の変更には、ほとんどイヌイットの議員で構成されている準州議会の承認が必要であるが、教育省と準州議会の意見のずれがあると、実施は困難である。筆者の調査によると、現在のヌナブト準州の教育はイヌイットの思いとかけ離れているので、できれば教育委員会を復活させ、委員を通して住民のニーズに合った教育を行っていくことが望ましい。

6. 教育法改正の動き

(1) 準州政府の提案

　筆者がイカルイトに滞在中、何度か教育省を訪れたが、2008年の教育法改正の動きに関する最新のまとめ、*A Collective Vision*［Department of Education, Nunavut 2016］を入手することができた。そのなかで、バイリンガルに関しては2点述べられている。

> Currently the resources (including an Inuit teacher shortage) are not in place to meet the legal obligations for implementation of language of instruction

requirements and bilingual education from k-12. One option to address this is to remove deadlines for implementation of bilingual education in the Education Act as well as Inuit Languages Protection Act (currently the deadline for k-12 is 2019).
　現在のところ、イヌイット語の教員不足を含め、幼稚園から高校3年生までバイリンガル教育を行う資源が十分でない。それゆえ、一つの選択肢はイヌイット語保護法同様教育法で規定されているバイリンガル実施時期の期限（2019年までに幼稚園〜12学年）を取り除くことである。［ibid.］（筆者訳）

2019年までに12年生、すなわち高校最終学年にまでイヌイット語のバイリンガル教育を行うというゴールにはほど遠い現状であることは、本書でも明らかになった。2019年までの期限を撤廃することが提言されている。次により重要なのは、ヌナブト準州のバイリンガル教育の形態としての3モデルをやめて、柔軟性のある単一の標準モデルをつくるという提言である。

No longer having three different models of bilingual education and instead having a single, standardized, but flexible, framework that is informed by bilingual education models in other jurisdictions.
　もはや（現在ヌナブト準州で行われている）バイリンガル教育の三つのモデルをやめて、代わりにほかの管轄区で行われているバイリンガル・モデルにならって、一つの標準化された柔軟性のあるモデルにする。［ibid.］（筆者訳）

まだ具体的な提案はなされていないが、現地での話では、ケベック州北部のヌナッピックの成功例に近い形になるだろうとのことであった。

(2) 準州政府の提案に対する動き
　2017年の3月7日に、上に述べたバイリンガル教育の期限の変更と、3モデルをやめて一つのモデルにすることなどがヌナブト準州議会に提案されたが、審議延長となった。この提案に関して、バーガーほか10人のカナダのイヌイット研究者が、2017年3月16日付けで、カナダ首相とヌナブト準州政府首相宛

てに反対の手紙を送っている。一部を以下に紹介する。

Open letter to Premier Taptuna and Prime Minister Justin Trudeau

March 16, 2017

... On March 7, 2017, Bill 37 was tabled in the Nunavut Legislature. It proposes amendments to the 2008 Nunavut Education Act and Inuit Language Protection Act that would delay the implementation of Inuktut as a language of instruction in grades 4 to 9 until 2029——and indefinitely in grades 10 to 12.

ヌナブト準州首相のタプツナ氏とカナダ連邦首相のトルドー氏への手紙

2017 年 3 月 16 日

2017 年 3 月 7 日に法案 37 がヌナブト準州議会提案されたが、審議延期となった。それは、2008 年のヌナブト教育法とイヌイット語保護法の改正であり、イヌクティタットを教育言語とするのは、4 年生から 9 年生までで、期限を 2029 年に延長することを提案している。10 年生から 12 年生までは問題外であるようだ。(筆者訳)

2008 年の上記二つの法では、2020 年までに、幼稚園から 12 年生 (k-12) にバイリンガル教育を行うという内容であった。実施は難しいので、2029 年までに 4〜9 年生にバイリンガル教育を行うように改正するというのである。バーガーたちは手紙で、今回の提案は国連の先住民権に関する宣言 (The United Nations Declaration on the Right of Indigenous People) の第 14 条に反する提案であると反対している。

United Nations Declaration on the Rights of Indigenous Peoples
Article 14
1. Indigenous peoples have the right to establish and control their educational systems and institutions providing education in their own languages in a manner appropriate to their cultural methods of teaching and learning.
2. Indigenous individuals, particularly children, have the right to all levels and

forms of education of the State without discrimination.

3. States shall, in conjunction with indigenous peoples, take effective measures, in order for indigenous individuals, particularly children, including those outside their communities, to have access, when possible, to an education in their own culture and provided in their own language.

第 14 条
1. 先住民は、自らの文化にもとづく教育や学習に合う方法で自分たちの言語で行う教育機構や機関をつくり、管理する権利を有する。
2. 先住民個人、とくに子供は、いかなる差別も受けずに、国家のあらゆる形態とレベルの教育を受ける権利を有する。
3. 国家は先住民と連携して、コミュニティの外に住む先住民を含め先住民個人、とくに子供が、可能なときに自らの文化を先住民の言語で教育できるように、効果的な方策をとらねばならない。(筆者訳)

また、ヌナブトでは約半数のイヌイットが高校を中退しているが、その理由の一つとして教員構成を挙げている。第 10 章 3 節 (2) で述べたが、非イヌイットの教員は 453 人であるのに対し、イヌイットの教員は 201 人である。今回の法案 37 を撤去して、連邦政府がもっとヌナブトの教育費を増やし、イヌイットの教員養成を増強すべきであると述べている。手紙の最後は次のように述べられている。

There is a language crisis in Nunavut, and in many real ways the success of the language equals the success of the Territory. This is now a test of seriousness of Canada's commitment reconciliation—a test must be passed.

ヌナブトには言語危機があるが、いろいろな意味で、言語的に成功することは、ヌナブト準州が成功することと同じである。これはカナダが和解に対してどのくらい真剣に向き合うかのテストでもある。[Berger et al. 2017b] (筆者訳)

バーガーは現在のヌナブトの言語状況を「危機」(crisis) と呼んでいる。長

年、真剣にヌナブトの教育に携わり、徐々にイヌイット語が弱体化する状況に危機感を抱き、イヌイット研究者たちに手紙への同意を呼びかけた。「和解」(reconciliation) とは、第5章3節で述べられている過去の寄宿学校での虐待などに対しての謝罪と和解という意味であろう。連邦政府や準州政府が、過去のイヌイットに対しての寄宿学校の問題などと真剣に向き合い、今回こそ再び間違いを犯すことなく、真剣にイヌイット語保持の政策をとるように懇願する心打たれる手紙である。ヌナブト準州議会常任委員会も法案37に反対の立場をとっており、教育省の長官が常任委員会宛てに考え直すよう依頼する手紙を送るという事態もあって、かなり事態は混乱している。

終 章

1. イヌイットの言語、教育の現状

(1) 言語使用状況

　筆者の調査結果の分析では、イカルイトの家庭でイヌイット語のみを話している率は34％で、1998年のドレとサモンズの調査結果［Dorais and Sammons 2002］に比して半減している。家庭でイヌイット語のみを使う率は男女にあまり差がみられないが、英語のみを使う率は男性50％、女性32.4％で、男性は家庭で英語を使う率が高い。年齢別では、30代の66％が家庭でイヌイット語を使用しているのに対し、20代は20％しかイヌイット語を使用していない。同じく筆者の調査結果では、職場でのイヌイット語使用率は7％と低く、1998年の20～30％［ibid.］に比して3分の1以下となっている。ヌナブト準州成立後17年が経過した2016年現在、家庭でも職場でもイヌイット語の使用は半減かそれ以下となり、若いイヌイットほどイヌイット語を使用しない傾向にあり、イヌイット語使用率は低下しつつあることが判明した。

(2) イヌイット語を話す力、読む力

　モリス（M. Morris）［2016: 10］によれば、ヌナブト準州のイヌイット全体の15～24歳の若者のうち、イヌイット語を話せる者は64％であり、約3分の1の若者がイヌイット語を話すことができず、日常生活で英語を使用している。同調査で、55歳以上のイヌイットの95％がイヌイット語を話すことができるのと比して、若者がイヌイット語を話せる率は30％も減少している。筆者の調

査では、約30％あまりのイヌイットが、イヌイット語の新聞を読めないと答えている。一方、全員が英語の新聞を読めると回答している。男女別では、半数以上（24人中13人）の男性がイヌイット語の新聞を読めないと答えているのに対し、女性では、イヌイット語の新聞を読めないと答えている割合は20％にすぎない。年齢別では、50代以上の全員がイヌイット語の新聞を読めると回答しているのに対し、40代の15％、30代の25％、20代の55％がイヌイット語の新聞を読めないと回答しており、年々イヌイット語を読む力は確実に低下している。とくに20代および男性のイヌイット語読解力が弱い。

（3）バイリンガルとイヌイットの意識

　筆者の調査結果によると、80％のイヌイットはイヌイット語と英語のバイリンガルであるべきだと考えているが、若者の英語化が進んでいる実態との乖離がある。若者の3分の1がイヌイット語を話せず、2分の1が読めないという状況では、教育法やイヌイット語保護法にある「高校卒業時の完全なバイリンガル人材」は育っていない。また筆者のアンケートによると、61人中49人が「自身はバイリンガルである」と答えているが、61名中20名が英語の新聞を読めない状況を考えると、現実とイヌイットの意識にずれがある。

（4）学歴と学力

　最終の高校卒業資格非保有率は、イヌイット：48.5％、インディアン：33％、メティス：20.8％、先住民以外：12.1％［Statistics Canada 2015: 14］で、カナダのなかでイヌイットの高校卒業率はいちばん低い。ヌナブト準州の2014年の17〜18歳時点での高校卒業率は31.5％であるが、男性は2010年の40.9％に比して、2014年は28.2％でかなり減少している一方、女性は2010年35.7％、2014年34.9％とわずかの減少率である［Department of Education, Nunavut 2015: 37］。一方で38.5％のイヌイットが高校卒業後、専門学校、カレッジ、大学に進学しているが、インディアンの44.8％、メティスの54.8％の上級学校進学率と比較するとやや低い。それでも最近は修士号をとるイヌイットもいて、イヌイット社会のリーダーは少しずつ育っている。インタビューで多くのイヌイットが「ヌナブトの教育はうまくいっていない」と話していたが、高校卒業率が伸びなく、

学歴がカナダのなかでいちばん低いのはなぜであろうか。

　学力に関しては、(英語) 識字能力、計算能力の全国調査 [Statistics Canada 2015: 21] がある。ほかの州、ほかの先住民と比較をしてみると、識字能力はカナダの先住民平均 260 に対してイヌイットは 207、計算能力は先住民平均 244 に対して、イヌイットは 187 といちばん低くなっている。しかしながら、イヌイットへの学校教育はほかの先住民と比べていちばん遅かったこと、イヌイット社会ではあまり細かい計算は重要視されてこなかったことなどを考えると、西欧式の全国調査だけで学力を判断することには問題があるので、学力判断の参考とする。

　以上、ヌナブト準州が成立して 17 年が経過した 2016 年現在、イヌイット語の使用は減少し、イヌイット語を話す力、読む力とも年々低下し、バイリンガル人材は育っていなく、ヌナブト準州とくにイカルイトでは、確実にイヌイット語が弱体化していることが判明した。

　また、ヌナブト準州の高校卒業率、上級学校進学率はカナダのなかでいちばん低いが、一方で 38.5% のイヌイットが、高校卒業後上級学校に進学し、修士号をとるイヌイットも出てきている。

2. 要因と対策

(1) 植民地主義からホワイト・カルチュラリズムへ

　第 4 章で述べたように、カナダ政府が国家統合の政策として採用した多文化主義は、初期のヨーロッパ系移民を対象としたものから、有色人種の増加による人種差別撤廃、社会的不平等の是正という色彩を帯びたものに変化していった。さらに、1970 年代から盛んになった先住民運動も視野に入れ、さまざまな出自の移民、先住民を含むすべてのカナダ人の平等達成と多文化的遺産の維持をその目的とした。

　イヌイットには、1950 年代から 1960 年代にかけては植民地主義のもと、教会運営の寄宿学校、連邦政府の平日学校において、イヌイットの生徒に英語、西欧文化への同化政策がとられ、イヌイット語、イヌイットの文化はまったく承認されず、無視された。とくに寄宿学校では、イヌイット語の使用に体罰が

加えられるなど、現在でもイヌイット社会に残っているトラウマ（心の傷）の最大の原因となっている。その後、1969年に北西準州に教育が委譲され、多文化主義やイヌイットの先住民運動の高まりのなか、従来の英語などへの同化政策に対する反省が行われ、多文化主義のもと、イヌイット語、イヌイットの文化は承認された。この承認は、テイラー［Taylor et al.: 1994］が述べている「（イヌイットの）文化や生き方が、ほかの人（たとえば白人）にとっても価値あるものとして評価されねばならない」という本当の承認ではなかった。イヌイットの文化は認めるが、キムリッカ［Kymlicka 2001］が述べているように、先住民は離れたところでひっそり暮らすところに価値があると考えられ、ハージのいう白人優位の思想が見受けられる。このような考え方が、その後の北西準州やヌナブト準州の白人のカナダ人に見受けられる。

　北西準州では、教育が委譲されて以来、連邦政府からの予算でイヌイット語と英語のバイリンガル教育が研究され、徐々に実行されていく。1977年には、北西準州の各地にほとんどイヌイットの委員で構成されていた教育委員会ができ、イヌイットの声が教育に反映される体制づくりが整った。1997年には、イヌイットの文化を中心としたイヌカティギートという科目が創設された。しかしながら、1999年のヌナブト準州成立後、北西準州時代の教育委員会は解消され、教育は連邦政府、準州教育省、各地の地域教育オーソリティ、校長などを中心に進められる官僚的な体制となった。また、学校教育へのイヌイット文化導入に関して、連邦政府は「北方研究」などの代わりにもっとカナダの歴史や世界情勢を入れたいと考えており、本心は先住民の文化の導入を促進したくはない（イカルイトでの取材より）。イヌイットの伝統知識（IQ）は導入されているが、多くの場合、英語の文化が白人の教師により伝達されている。筆者のイカルイト滞在中の経験では、白人の教師や準州政府職員のなかに、「彼（女）らはカナダ人として、英国風のカナダの文化を身につけていくべきだ」と話す人も多い。ヌナブト準州はイヌイット文化にもとづくと法で規定されてはいるが、本心は白人優位の思想であると痛感した。

　このような状況下で、イヌイットの生徒は、英語や英語文化についていけなかったり、自らの言語や文化、そして自分への自信を失い、退学へと結びつく。イヌイットへの教育にも、文化の多様性に対する認識を深める多文化教育の導

入が必要であると感ずる。白人の教員や準州政府職員のイヌイット語やイヌイット文化に対する理解度が低いために、北西準州時代の教育委員会をとおしてイヌイットの声を反映していた活力が失われ、白人優勢の教育行政となった。この現象をバーガーはヨーロッパ中心主義と呼んでいる［Berger 2008］が、筆者は、白人文化優位性の多文化主義、ホワイト・カルチュラリズムと呼び［ハージ 2003］、ヌナブト準州のイヌイット語の弱体化、教育効果が上がらない最大の要因と考える。カナダ連邦政府や白人の意識改革が必要である。

(2) イヌイットの意識の問題

　筆者の調査結果では、80％以上のイヌイットがイヌイット語と英語のバイリンガルになることを望んでいるが、イカルイトの家庭でのイヌイット語使用は約34％と低い。英語は連邦政府の主要な公用語として強い立場にあるので、イヌイットが望むバイリンガルになるには家庭でのイヌイット語使用は不可欠である。ネトルが述べているように、「言語が危機に陥るのは、家庭で両親や世話をする人によって言語が自然な形で子供たちに伝承されない場合である」［ネトル、ロメイン 2001: 11］。筆者の調査結果では、イヌイット語が家庭で若い世代に継承されていない場合が多いことが判明し、イヌイット語は危機的な状況にある。

　第12章で述べたように、グリーンランドでは、1964年にデンマーク語をより重視したバイリンガル教育が始まった。教育レベルの高い若者が中心となり、グリーンランド語を使用し、守ろうという動きがあり、その後の法改正（ホーム・ルール）となり、グリーンランド語を維持することができた。危機的な状況にあるイヌイット語の場合、地域や家庭でのイヌイット語使用、親などによる読解力養成のためのイヌイット語での読書指導は欠かせない。家庭での積極的なイヌイット語に対する取り組みが急務である。イヌイットは現状をよく観察し、あまり過去にとらわれすぎないで、家庭や地域でのイヌイット語やイヌイットの文化教育をしっかり行うことがバイリンガル人材育成につながることを認識すべきである。筆者の調査結果では、過去に平日学校などで英語のみによる教育を受けた40代以上のイヌイットは、彼（女）らの子供時代に家庭や地域でイヌイット語がおもに使用されていた結果、現在でもイヌイット語と英語のバ

イリンガルであることが判明している。家庭や地域のイヌイット語使用は言語習得プランの基本であるといえる。

また、筆者の調査と参与観察では、イカルイトでは、英語は教育に必要な言語、職場の言語、メディアやインターネットの言語として地位が高く、イヌイット語は友人間や家庭で使われる言語で、ダイグロシアの社会である。イヌイット語の教育言語としての立場、メディアでのイヌイット語の増加、職場でのイヌイット語使用などで、イヌイット語のステータスを上げることが必要である。筆者の調査では、ほとんどのイヌイットが、将来の職業にイヌイット語は必要であると考えている。だが現在のイカルイトでは、職場でも、メディアでもあまりイヌイット語は使われていない。

(3) イヌイット社会の問題

イヌイット社会は過去の寄宿学校、強制移住他による不信感から、今でもトラウマが根強く残っていることは、筆者の現地でのインタビューでも確認されている。トラウマと定住化などによる急激な変化に対応しきれないジレンマなどで、麻薬の使用、暴力、アルコール依存、いじめ、10代の妊娠などに逃避するイヌイットもいて、高校中退の原因となっている。また、センにもとづく分析で明らかになったように、イヌイット社会はさまざまな意味で貧困であり、深く教育の問題と関連している。

現在、ヌナブト準州は連邦政府がヌナブト協定でイヌイットに任された土地以外の天然資源、水の管轄、課税権を持っているため、鉱業の仕事も連邦政府主導で、そこでの働き手はイヌイット以外が多い。2014年に北西準州に上記の権利が委譲されたが、ヌナブト準州にも管轄権などが委譲されるとイヌイットの立場も変わるのではないだろうか。その場合、ヌナブト協定との関係も問題であろう。現在の北西準州は白人が80％を占めているので、ヌナブト準州とはかなり事情は異なる。現地での聞き取りによると、ヌナブト準州の予算の90％は連邦政府に依存しているとのことである。ヌナブト協定による補償金、イヌイット個人への生活福祉金、老齢年金、失業手当、母子家庭の補助金などは、連邦政府からの支給であり、高校までの授業料も無償であるとのことであった。ヌナブト準州には産業もあまりなく、高校中退を含めて約半分近くのイヌイッ

トの収入は 20,000 ドル以下で生活福祉金を得ているイヌイットが多いが、経済的に連邦政府に依存している現状は、白人カナダ人の言語や文化の優位性を助長し、イヌイット語やイヌイット文化の保持を困難にさせている。ネトルも指摘しているように［ibid.］、「国家の財源に頼れば、マイノリティが自らの問題を管理する責任と権利を損なう」。

イヌイットの経済、社会の改善が必要である。

(4) 教育の現場の問題
a）バイリンガル教育の実態

ヌナブト準州では教育法、イヌイット語保護法などで、「高校卒業時にはイヌイット語と英語の完全なバイリンガル人材になるようにする」と書かれているにもかかわらず、実態はバイリンガル人材が育っていないことを述べたが、その主要な原因はヌナブト準州のバイリンガル教育にある。教育法で、3 モデルから各地域が形態を選べるしくみになっているが、二重モデルの英語ストリームでは、イヌイット語は科目として教えられているにすぎない。二重モデルのイヌイット語ストリーム、ほかの二つのイヌイット語バイリンガルモデル、イヌイット語イマージョモデルとも、教育法に書かれている内容は維持型、イマージョン型バイリンガルであるが、実際はそのとおりに行われていない。

2017 年 3 月に教育省は、準州議会に法律どおりに行うのは困難なので、バイリンガル教育実施の学年や実施完了時期を変更する案を提出したが、準州議会で反対され、まだ教育法改正には至っていない。バーガーをはじめとするカナダの 10 名の学者も、反対の手紙を準州政府首相、カナダ首相宛てに送っている。法律を変えるのではなく、法律の規定どおりにバイリンガル教育を行うよう方策を立てるべきである。

b）教育へのイヌイット文化導入

2008 年のヌナブト準州の教育法、イヌイット語保護法では、ヌナブト準州の教育はイヌイットの伝統知識（IQ）にもとづくことが謳われている。だが実際の教育現場では、とくに高校など上級に進むにつれ、イヌイット文化の教育への導入が少なくなる。マクレガーの体験［H.E. McGregor 2012a］によると、小学校時代はイヌイットの縫製や木工細工などを学び、内陸部へのツアーなどイ

ヌイット文化を肌で感じる授業もあったが、高校に進むとイヌイットの文化に関する授業はほとんどなくなり、イヌイットは文化喪失を感じ、退学する者も多いとのことである。また第6章で述べたように、高校での「北方研究」科目の廃止、イヌイットに関する科目の単位の減少など、イヌイット文化の導入は減りつつある。イヌイットの高校卒業率を上げるためにも、カリキュラムを検討し、イヌイットの伝統知識（IQ）の導入を増やすべきである。小学校や中学校でも、以前に比べてイヌイットの技術はあまり教えられていないとのことであった。長老の老齢化、イヌイットの生活の変化があり、これからのイヌイットに必要な技術、伝統知識を再構築し、教育への導入を再検討すべきであろう。

c）教員養成と教材

　ヌナブト準州のバイリンガル教育が法律どおりに行われていない要因の一つは、イヌイット語を教える教員不足である。ヌナブトの学校におけるイヌイット教員の数を増やすために、ヌナブト北極カレッジ教員養成の定員を増加すべきではないだろうか。筆者の現地での経験では、北極カレッジの教員養成の学生は、真面目で賢そうな学生が多かった。また、最近の若いイヌイットのイヌイット語離れを考えると、現在の入試でのイヌイット語試験に加え、イヌイット語を教育言語とするコースをつくることが必要である。幸い、2017年より、プリンス・エドワード・アイランド大学と提携している修士課程でイヌイット語のコースが始まるとのことなので、イヌイットの優秀な教員を活用してヌナブト北極カレッジでもイヌイット語による教員養成を行うべきである。

　また、「イヌイット語の教材不足のため、イヌイット語を教える教員には負担が重い」との声を現地で何度も聞いた。教材開発を急ぎ、イヌイット教員が教育現場で働きやすい環境をつくることが大切である。教材開発は、北西準州時代のイヌカティギート科目創設の場合を参考に、教育省が中心となり、イヌイットによるチームをつくり、予算を課して推進することが望ましい。

d）教育体制

　ヌナブト準州成立後、北西準州の教育委員会が解消されたことを述べたが、教育委員会を復活し、イヌイットの声を反映した教育を行うことが望ましいと考える。現在準州政府教育省は、イヌイットの組織、ヌナブト・トゥンガビックと連携しながら進めているとのことであったが、現地のイヌイットの組織の

人たちとのインタビューでは、「教育は思うように行われていない」との意見が多かった。教育委員会で教育にくわしいイヌイット委員の意見を聞きながら教育行政を進める体制の確立が必要であると考える。また、グリーンランド語保持に成功しているグリーンランドでは、教育の詳細を州議会が決定するが、今回の教育法改正案のように教育省と準州議会の意見が食い違わないように、事前に準州議会の意見を聞きながら進めることも大切であろう。教育委員会を復活し、トップ・ダウンではなく、イヌイットの声を聞くボトム・アップの体制に変える必要がある。

e) イヌイット語の標準化

　イヌイット語保持には、グリーンランドで行われ、成功した事例に従い、現在進められているイヌイット語の標準化を急ぎ、教本や辞典の出版を増やす必要がある。イヌイットによる出版社もできているが、民間、準州レベル両方での取り組みが望ましい。

f) イヌイット語のイマージョン一貫校

　ヌナブト準州では、イヌイット語を教える教員不足のために、一律のバイリンガル教育を行おうとすると、学年が限られてくる。ニュージランドやハワイの先住民言語復活で行われ、成功したように、一部に幼稚園から高校までのイヌイット語でのイマージョン教育の一貫校をつくってはいかがであろうか。イヌイットは、地域、個人により、イヌイット語との関わりに違いがあるが、一部でも本当にイヌイット語に堪能な人材を育成することは、今後のイヌイット語保持に役立つのではと考える。

　以上、現状、要因と対策を示したが、イヌイットの自分たちの言語を残したいという強い思いがいちばん大切である。グリーンランドでは、とくにリーダー格の人たちがグリーンランド語保持の思いを強く抱き、努力をしてきた。ヌナブト準州は「今」がとても大切な時期である。20代の英語化が進んでいるが、30代以上はかなりイヌイット語を保持している。若い世代にイヌット語やイヌイット文化を継承する努力を惜しまないでほしい。筆者の現地での1か月の体験では、イヌイットの人たちは、礼儀正しく、相手を思いやる、とても気持ちのよい人々であった。

付録 1
イカルイトでの調査に用いたアンケート用紙

QUESTIONNAIRE

Male ( )　Female ( )
Inuit ( )　Non-Inuit ( )
Name (optional)

Please check the parenthesis indicating your decision or write the appropriate word (s) in it.

1. Do you have a job?　　　Yes ( )　No ( )
   If yes,　what kind of job do you have (　　　)
   If you don't have a job now, what kind of job do you wish to have in the future?
   (　　　　　)
2. How old are you?　　　(　) years old
3. Are you from Nunavut?　　　Yes ( )　No ( )
   If no, where are you from?　(　　　　)
4. At what kind of elementary school did you study?
   residential school ( )　mission day school ( )
   federal day school ( )　territory day school ( )
   others (　　　)
5. What language was used for instruction at the early stage of elementary school you went to?
   English ( )　Inuktitut ( )　others (　　　)

6. How many years and how often did you study Inuit language as a subject at elementary school?

   (   ) years, (   ) times a week, none (   )

7. Is Inuit language proficiency is necessary for your (future) job?

   Yes (   )   No (   )

8. What language do you speak most often or regularly at home?

   English (   )   Inuktitut (   )   others (   )

9. What language do you speak most often or regularly at work or on campus?

   English (   )   Inuktitut (   )   others (   )

10. Are you able to read a newspaper written in English?

    Yes (   )   No (   )

11. Are you able to read a newspaper written in Inuktitut?

    Yes (   )   No (   )

12. Do you consider yourself bilingual?

    Yes (   )   No (   )

13. If no, in what language are you most proficient?

    English (   )   Inuktitut (   )   others (   )

14, Do you think bilingual programming is successful at elementary school in Nunavut?

    Yes (   )   No (   )

15. What subjects do you think are appropriate to integrate Inuit culture into the curriculum at school in Nunavut?

    history (   )   traditional skills (   )   others (   )

16. What language do you want your children (or youth) to be proficient in?

    English (   )   Inuktitut (   )   others (   )

17. As for language, which do you think is the best for Inuit?

    Inuktitut-English bilingual (   )   more fluent in English (   )

    more fluent in Inuktitut (   )   others (   )

18. How often does your family go hunting or fishing?

    (   ) a week, (   ) a month, (   ) a year,

others (　　　　　)
19. What do you think is the main reason (s) for high school drop-out?
teenage pregnancy (　) 　shortage of jobs (　)
substance abuse (　) 　bad dwelling condition (　)
food insecurity (　) 　others (　　　　　)
20. If you wish to say anything about Nunavut, please write below.

Thank you for answering the questionnaire.
Quantity and Quality Research Project: Social Change and Education of Inuit, in Nunavut, Canada.

Mizuho Hasegawa

付録 2

イヌイット語の文字

		p [p]	t [t]	k [k]	g [ɣ]	m [m]	n [n]	s [s]	l [l]	j [j]	v [v]	r [ʁ]	q [q]	ng [ŋ]	ɬ [ɬ]
i	[i]	∆	∧	∩	ꓑ	⌐	⌂	⸝	⸜	⸠	⋀	∩̇	ᖃ	ᖕ	ᒡ
ii/ī	[i:]	∆̇	∧̇	∩̇	ꓑ̇	⌐̇	⌂̇	⸝̇	⸜̇	⸠̇	⋀̇	∩̈	ᖃ̇	ᖕ̇	ᒡ̇
u	[u]	▷	>	⊃	ꓒ	⌡	⌐	⸝	⸌	⊲	⊳	ꓒ	ᖁ	ᖂ	ᒢ
uu/ū	[u:]	▷̇	>̇	⊃̇	ꓒ̇	⌡̇	⌐̇	⸝̇	⸌̇	⊲̇	⊳̇	ꓒ̇	ᖁ̇	ᖂ̇	ᒢ̇
a	[a]	◁	<	⊂	ᑲ	⌊	⌊	⸝	⸝	⸜	⋖	ꓳ	ᖄ	ᖅ	ᒣ
aa/ā	[a:]	◁̇	<̇	⊂̇	ᑲ̇	⌊̇	⌊̇	⸝̇	⸝̇	⸜̇	⋖̇	ꓳ̇	ᖄ̇	ᖅ̇	ᒣ̇
		॥	<	⊂	ᑲ	⌊	⌐	⸝	⸜	⸝	⋖	ꓳ	ᖅ	ᖮ	ᒡ
		-h	-p	-t	-k	-g	-m	-n	-s	-l	-j	-v	-r	-q	-ng	-ɬ

（CIÉRA 2014 より転載）

あとがき

　本書の執筆にあたり、多くの方にお世話になり心から感謝申し上げます。
　東京外国語大学の鈴木茂名誉教授、金井光太朗名誉教授、丹羽泉教授、東京大学の宮地隆廣准教授、国立民族学博物館の岸上伸啓教授にはいろいろとご指導いただき有難うございました。また、研究分野の先達、スチュアート ヘンリ氏、大村敬一教授にはご多忙中時間をとっていただき、文献の紹介などご指導いただきましたことに感謝致します。東京外国語大学図書館の司書の方々には、文献の収集にご協力いただいたことにお礼申し上げます。
　カナダのヌナブト準州のヌナブト研究機構のモーシャ氏は現地調査のさいに何かと便宜を図っていただき、有難うございました。ヌナブト北極カレッジのエリック学長には、食堂での調査を許可いただきお礼申し上げます。イカルイトの地域教育オーソリティ（DEA）のリンダ氏には高校長への紹介を含めて大変お世話になりました。準州教育省のウエンディ氏、校長の各位も面接にご協力いただき有難うございました。イヌイット協会のハナ氏は面接に応じ、貴重な資料を下さり、御礼申し上げます。筆者の調査に協力して下さったヌナブト準州イカルイトのイヌイットの方々には、深く感謝の意を表したいと思います。
　その他、研究仲間、友人たちの励ましにも御礼の言葉を捧げたいと思います。いつも傍にいて支え、研究協力者でもある夫、長谷川章には言葉で言い表せないくらいの感謝の気持ちでいっぱいです。また、2019年7月に急逝した母の、心配しながらもいつもやさしく見守ってくれた愛情に感謝したいと思います。
　本書の出版にあたり、明石書店の兼子千亜紀氏、田島俊之氏に終始大変お世話になりました。心から御礼を申し上げます。

　　2019年8月

　　　　　　　　　　　　　　　　　　　　　　　　　　　長谷川瑞穂

参考文献

邦文文献

- アジェージュ、クロード（2000）『絶滅していく言語を救うために』糟谷啓介訳、白水社
- アマゴアリィック、ジョン（Amagoalik Joan）（2003）『北の国へ』岸上伸啓監修、磯貝日月編、磯貝日月訳、90-102 頁、清水弘文堂
- 絵所秀紀、山崎幸治（2004）『アマルディア・センの世界』晃洋書房
- 大村敬一（2013）『カナダ・イヌイットの民族誌』大阪大学出版会
- 岡戸浩子（2002）「ニュージランドにおける多文化共生への模索」河原俊昭編『世界の言語政策』145-159 頁、くろしお出版
- カミンズ、ジム（1997）「遺産言語の学習と教育」長谷川瑞穂訳、多文化主義研究会編『多文化主義』187-218 頁、木鐸社
- 岸上伸啓（1998）『極北の民、カナダ・イヌイット』弘文社
- 岸上伸啓（1994）「カナダ北極地域における先住民教育についての文化人類学的研究」『僻地教育研究』第 48 号 25-39 頁、北海道教育大学
- 岸上伸啓（2005）『イヌイット』中公新書
- 岸上伸啓（2007）『カナダ・イヌイットの食文化と社会変化』世界思想社
- キムリッカ、ウィル（1998）『多文化時代の市民権――マイノリティの権利と自由主義』角田猛之他訳、晃洋書房
- クリスタル、デイヴィッド（2004）『消滅する言語――人類の知的遺産をいかに守るか』斎藤兆史、三谷裕美訳、中公新書
- 在カルガリー総領事館（2016）『ヌナブト準州概況』『北西準州概況』
- さかたあつよし（2010）「北海道、樺太、千島の先住民に対する日本語教育とその日本語教育史研究における位置」『リテラシーズ』7、37-47 頁
- 佐藤知己（2012）「アイヌ語の現状と復興」『言語研究』142、29-44 頁
- 下村智子（2001a）「カナダにおけるイヌイットの教育政策の変遷」『広島大学大学院教育研究科紀要』第 3 部、第 50 号 175-183 頁
- 下村智子（2001b）「カナダにおけるイヌカティギートに関する研究（1）」中国四国教育学会編『教育学研究紀要』第 47 巻
- 下村智子（2002）「カナダにおけるイヌカティギートに関する研究（II）」中国四国教育学会編『教育学研究紀要』第 48 巻 175-183 頁

- 新保満（1999）『変貌する先住民社会と学校教育』御茶の水書房
- スチュアート、ヘンリ（2005）「イヌイットの若者：伝統時代」「イヌイットの若者：現状」宮本みち子編著『比較文化研究』55-80 頁、放送大学出版会
- スチュアート、ヘンリ（2008）「マイノリティ言語と日本――イヌイットそしてアイヌ」『言語政策』第 4 号 25-41 頁、日本言語政策学会
- 多文化主義研究会編訳（1997）『多文化主義』木鐸社
- テイラー、チャールズ（1996）「多文化主義・承認・ヘーゲル」岩崎稔他訳『思想』No. 865, 4-27 頁
- テイラー、チャールズ（2007）「承認をめぐる政治」佐々木毅他訳『マルチカルチュラリズム』37-109 頁、岩波書店
- 中野昌宏（1998）「多文化主義の批判的検討」『日本公共政策学会年報』
- 西川長夫他編（1997）『多文化主義・多言語主義の現在』人文書院
- 日本カナダ学会（1997）『史料が語るカナダ』有斐閣
- ネトル、ダニエル、ロメイン、スザンヌ（2001）『消えゆく言語たち――失われることば、失われる世界』島村宣男訳、新曜社
- ハージ、ガッサン（2003）『ホワイト・ネイション』保苅実他訳、平凡社
- 長谷川瑞穂（1990）A Study of Language Policy and Language Education in Canada『カナダ研究年報』10 号、日本カナダ学会
- 長谷川瑞穂（1999a）「二言語多文化主義への道」『英語教育』1999 年 10 月号、大修館書店
- 長谷川瑞穂（1999b）「二言語多文化主義と言語教育」『英語教育』1999 年 11 月号、大修館書店
- 長谷川瑞穂（2000）「カナダの遺産言語教育」『科研費報告集』青土社
- 長谷川瑞穂（2002）「カナダの多言語主義の政策と言語教育」河原俊昭編『世界の言語政策』161-188 頁、くろしお出版
- 長谷川瑞穂（2012）「カナダの先住民の教育と貧困」松原好次＆山本忠行編『言語と貧困』58-72 頁、明石書店
- 長谷川瑞穂（2015）「カナダの少数派」杉野俊子他編著『言語と格差』137-154 頁、明石書店
- 長谷川瑞穂（2017）「カナダ・ヌナブト準州の教育」田中富士美他編『言語と教育』76-93 頁、明石書店
- ブシャール、ジェラール、テイラー、チャールズ（2011）『多文化社会ケベックの挑戦』竹中豊他訳、明石書店
- フリック、ウヴェ（2011）『質的研究入門』小田博志監訳、春秋社
- ベーカー、コリン（1996）『バイリンガル教育と第二言語習得』岡秀夫他訳、大修館書店
- 松井茂記（2012）『カナダの憲法』岩波書店
- 松原好次（2010）『ハワイ語の復権をめざして』明石書店
- 三浦信孝（1997）『多言語主義とは何か』藤原書店

参考文献

- 宮岡伯人（1978）『エスキモーの言語と文化』弘文社
- モース、マルセル（1981）『エスキモー社会』宮本卓也訳、未来社
- モリス＝スズキ、テッサ（1996）「文化・多様性・デモクラシー」『思想』No. 867, 38-58頁
- 盛山和夫（2004）『社会調査入門』有斐閣ブックス
- 山本雅代編著（2014）『バイリンガリズム入門』大修館書店

欧文文献

- Archibald, L. (2004) *Teenager Pregnancy in Inuit Communities; Issues and Perspectives*: 1-39, Inuit Women's Association
- Auditor General of Canada (2013) *Report of the Auditor General of Canada to the Legislative Assembly of Nunavut*. Ottawa, ON Ministry of Public works and Government Services
- Aylward, M. L. (2006) *The Role of Inuit Language and Culture in Nunavut Schooling Discourses of the Inuit Qaujimajatuqangit Conversation* (unpublished Ph. D. thesis, University of South Australia)
- Aylward, M. L. (2009) Culturally relevant schooling in Nunavut: Views of secondary school educators, *Etudes Inuit Studies* 33 (1-2): 77-93
- Aylward, M. L. (2010) The Role of Inuit Languages in Nunavut Schooling: Nunavut Teachers Talk about Bilingual Education, *Canadian Journal of Education* 33, 2: 295-328
- Ayres, M . (2012) *The Impact of Inuit Qaujimajatuquangit on Formal Education in Nunavut* (unpublished master thesis)
- Berger, P. (2008) *Inuit Visions for Schooling in one Nunavut Community* (unpublished Ph. D. dissertation, Lakehead University)
- Berger, P. (2009) Eurocentric Roadblocks to School Change in Nunavut, *Etudes Inuit Studies* 33 (1-2) : 55-76
- Berger, P. *et al.* (2017a) A Hunger to Teach: Recruiting Inuit Teachers in Nunavut, *Summary Research Report at the 7th International Congress on Arctic Social Science*
- Berger, P. *et al.* (2017b) Open Letter to Premier Peter Taptuna and Prime Minister Justin Trudeau
- Billson, J. M. and Mancini, K. (2007) *Inuit Women: Their Powerful Spirit in a Century of Change*, Rowman and Littlefield publishers, London
- Brooker, A. (2015) Counselling within Inuit Systems in Canada's North, *First Peoples Child & Family Review* Vol. 10-2: 110-121
- Calvet, L. J. (2002) *Linguistique et Colonialisme*, Paylot and Rivages［砂野幸稔訳『言語学と植民地主義』三元社、2006］
- Canadian Multiculturalism (2017) http://www.pier21.ca/sites/default/files/gallery/12583/i-33635-002.jpg（2017/05/01 採取）
- CIÉRA (Centre interuniversitaire d'études et de recherches autochtones) (2014) *Reviewing Inuit Leadership on Language Issues*

- Constitution Act, 1982 (2017) http://www.solon.org/Constitutions/Canada/English/ca-1982.html（2017/06/08 採取）
- Cummins, J (2000) *Language, Power and Pedagony: Bilingual children in the crossfire*, Clevedon, England; multilingual matters
- Cummins, J. and Swain, M. (1986) *Bilingualism in Education*, Longman, London and New York
- Department of Education, Nunavut (2015) *Annual Report 2013-2014*
- Department of Education, Nunavut (2016) *A Collective Vision* (unpublished)
- Department of Education, Nunavut (2016) *Nunavut Approved Curriculum and Teaching Resource 2014-2015*
- Department of Education, Nunavut (2016) *Nunavut Secondary School Administration Handbook: 2015-2016*
- Dorais, L. J. and Searls, E. (2001) Inuit Identities, *Etudes Inuit Studies* 25 (1-2) : 17-35
- Dorais, L. J. and Sammons, S. (2002) *Language in Nunavut: Discourse and Identity in the Buffin Region*, Nunavut Arctic College
- Duffy, R.Q. (1988) *The Road to Nunavut*, McGill-Queen's University Press, Kingston and Montreal
- Dulay, H. Burt, M. and Krashen, S. (1982) *Language Two*, Oxford University Press
- Embrace Life Council (2016) *SOS Safety Magazine*, Bullying
- Erling, E. and Seargent, P. (2013) *English and Development*, Toronto, Multilingual Matters
- Ethnologue (2018) *Ethnologue: Languages of the World*, 21st edition, http://www.ethnologue.com/statistics/size（2018/07/29 採取）
- Fishman, J. A. (1991) *Reversing Language Shift*, Multilingual Matters, Clevedon
- Flaherty, L. (2013) *Inuit Language Proficiency Courses at the Nunavut Arctic College* (unpublished master of education thesis, University of Prince Edward Island)
- Flaherty, L. (2014) We have to have standards, *Renewing Inuit Leadership on Language Issues*: 39-43, Nunavut Science Institute of the Nunavut Arctic College
- Fraser, J. and Nolin, C. 82009) *Language Rights in Canada's North: Nunavut's New Official Languages Act,* Standing Senate Committee on Legal and Constitutional Affairs
- Grishaeva, E. B. and Dobriaeva, I. S. (2016) Language Situation and Language Policy in Canada, *Journal of Siberian Federal University, Humanities & Social Sciences* 2: 350-357
- Grosjean, F. (2008) *Studying Bilinguals*, Oxford University Press
- Government of Canada (2017) Indigenous Peoples and Communities, Inuit
- Government of Nunavut (2008) Inuit Language Protection Act
- Government of Nunavut (2008) Nunavut Education Act
- Government of Nunavut (2008) Nunavut's New Official Languages Act
- Government of Nunavut (2016) Nunavut Bureau of Statistics
- Government of Nunavut (2017) *Government of Nunavut Newsletter-English,* June/July 2017
- Herriman, M. and Burnaby, B. (1996) *Language Policies in English-Dominant Countries*, Multilingual Matters, Clevedon

参考文献

- Hiebert, B. and Power, E. (2016) Heroes for the helpless: A critical discourse analysis of Canadian national print media's coverage of the food insecurity crisis in Nunavut, *Canadian Food Studies*, vol. 3 No. 2.：104-126
- Hong, J. S. Kral, M. K. and Sterzing, P. R. (2014) *Trauma, Violence & Abuse*, SAGE journals
- Indian and Northern Affairs Canada (2013) Agreement Between the Inuit of the Nunavut Settlement Area and Her Majesty the Queen in right of Canada as amended
- Inuit Tapiriit Kanatami (2011) *First Canadians, Canadians First: National Strategy on Inuit Education*
- Inuit Tapiriit Kanatami (2016a) *Inuit History and Heritage*, http://www.itk.ca （2017./02/2 採取）
- Inuit Tapiriit Kanatami (2016b) *National Inuit Suicide Prevention Strategy*: 1-44, http://www.itk.ca（2016/09/20 採取）
- Inuit Tapiriit Kanatami (2017) *Annual Report 2015-2016*
- Kaplan, R.B. and Baldauf Jr. R. B. (1997) *Language Planning*, Multilingual Matters, Clevedon
- Kymlicka, W. (2003) *Language Rights and Political Theory*, Oxford University Press
- Kymlicka, W. (2001) *Politics in the Vernacular*, Oxford University Press ［岡崎晴輝他訳『土着語の政治』法政大学出版局、2012］
- Laugrand, F. and Oosten, J. (2009) Education and Transmission of Inuit Knowledge in Canada, *Etudes Inuit Studies* 33 (1-2)：21-34
- Legacy of Hope Foundation (2010) *We Were So Far Away: The Inuit Experience of Residential Schools*, Legacy of Hope Foundation
- Levesque, F. (2014) Revisiting Inuit Qaujimajatuqangit: Inuit Knowledge, Culture, Language, and Values in Nunavut Institutions since 1999, *Etudes Inuit Studies* 38 (1-2)：115-136
- Matsubara, K. (2000) *Indigenous Languages Revitalized?: The Decline and Revitalization of Indigenous Languages Juztaposed with the Predominance of English*, Shumpusha
- May, S. (2012) *Language and Minority Rights*, Routledge
- McGregor, C. A. (2015) Creating Able Human Beings: Social Studies Curriculum in the Northwest Territories and Nunavut, 1969 to the Present, *Historical Studies in Education* 27-1：57-79
- McGregor, H. E. (2012a) Nunavut Education Act: Education, Legislation, and Change in Arctic, *The Northern Review* 36: 27-52
- McGregor, H. E. (2012b) Curriculum change in Nunavut Toward Inuit Qaujimajatuqangit. *McGill Journal of Education* 47 (3)：285-302
- McGregor, H. E. (2015) *Decolonizing the Nunavut School System: Stories in a River of Time* (unpublished Ph. D. thesis, the University of British Columbia)
- McMillan, B. (2015) Educating for Cultural Survival in Nunavut: Why Haven't We Learned from the Past? *Paideusis*, Volume 22, No. 2: 24-37
- Miller, J. R. (1996) *Shingwauk's Vision—A History of Native Residential Schools*, University of Toronto Press
- Moisan, C. Barile, C. Muckle, G. and Belanger, R. E. (2016) Teen Pregnancy in Inuit

- Communities-Gaps Still Needed to be Filled, *International Journal of Circumpolar Health*: 1-6
- Morris, M. (2016) A Statistical Portrait of Inuit with a Focus on Increasing Urbanization: Implications for Policy and Further Research, *Aboriginal Policy Research* Vol. 5, no. 2: 4-31
- National Aboriginal Health Organization (2008) *Inuit Men Talking About Health*, Inuit Tuttarvingat
- Northern News Services (2016) *Iqaluit Visitor's Guide*
- Nunavut Arctic College (2016) *Calendar of Programs, 2012-2014*
- Nunavut Tunngavik Incorporated (2000) *Tukisittiarniqsaujumaviit: A Plain Language Guide to the Nunavut Land Claims Agreement*, Nunavut Tunngavik Inc., Department of Communication
- Nunavut Tunngavik Incorporated (2011) *Our Primary Concern: Inuit Language in Nunavut, 2009/2010 Annual Report*
- Norris, M. J. (2004) The Diversity of Aboriginal Languages in Canada: Patterns and Trends, Presented at the Departmental Policy Research Conference
- Northern Heritage Center (2017) *Official Languages of the Northwest Territories*
- Northwest Territories Education (1981) *Bilingual Education*, Department of Education, Northwest Territories
- Nunavut Arctic College (2015) *Calendar of Programs 2012-2014*
- Official Languages and Bilingualism Institute (OIBI) (2017) Site for Language Management in Canada University of Ottawa, http://slmc.uottawa.ca/?q=prov.stat_nwt (2017/8/03 採取)
- O'Gorman and Pandey, M. (2015) Explaining Low High School Attainment in Northern Aboriginal Communities : An analysis of the Aboriginal Peoples' Surveys, http://ideas.repec.org//s//win//winwop.html (2016/06 15 採取)
- Olsen, K. (2006) *Education in Greenland*, University of Alaska
- Patrick, D and Shearwood, P (1999) The Roots of Inuktitut–Language Bilingual Education, *The Canadian Journal of Native Studies* xix, 2: 249-262
- Pandy, M. (2013) Language Policy in Nunavut: Panel at International Conference in Public Policy
- Pauktuutit (2006) *Our Ancestors Never Smoked*, Pauktuutit Press
- Phillipson, R. (1992) *Linguistic Imperialism*, Oxford University Press ［三浦信孝、糟谷啓介編『言語帝国主義とは何か』藤原書店、2000］
- Preston, J. P. (2016) Situating Educational Issues in Nunavut: Perceptions of School Leaders and Teachers, *The Northern Review* 42: 109-129
- Purich, D. (1992) *The Inuit and Their Land*, James Lorimer & Company Ltd., Publishers, Toronto
- Rasmussen, D. (2011) Forty Years of Struggle and Still no Right to Inuit Education in Nunavut, *Interlanguage* 42-2: 137-155
- Royal Danish Ministry of Eduation (2010) *Factsheet Denmark-Greenland*
- Shearwood, P. (2001) Inuit Identity and Literacy in a Nunavut Community, *Etudes Inuit Studies* 25 (1-2) : 295-307
- Sir Martin Frobisher (2017) *The Canadian Encyclopedia*, http://www.thecanadianencyclopedia.

ca/en/article/sir-martin-frobisher/（2017/07/29 採取）
- Statistics Canada (2011a) *National Household Survey*, http://www12.statcan.gc.ca/nhs-enm/2011（2015/09/07/ 採取）
- Statistics Canada (2011b) *NHS Profile, Nunavut, 2011*, http://www12.statcan.gc.ca/nhf-enm/2011（2015/09/03 採取）
- Statistics Canada (2012) *Aboriginal Peoples Survey (APS), 2012 Part B: The Education and employment of Inuit*, www.statcan.gc.ca/pub/89-653-x/2013001/article/part-partie-b-eng.htm（2017/05/19 採取）
- Statistics Canada (2015) *Housing Conditions-Aboriginal Statistics at a Glance*: 2nd Edition, www.statcan.gc.ca/pub/89-645-x/2015001/housing-legement-eng.htm（2017/03/06 採取）
- Statistics Canada (2016) *Inuit: Fact Sheet for Inuit Nunangat 2016*, www.statcan.gc.ca/pub/89-656-x2016014-eng.htm（2017/10/02 採取）
- Statsministeriet Greenland (2017) *The Greenland Self-Government Arrangement*, http://www.stm.dk/-a-2957.html（2017/06/30 採取）
- Stern, Pamela and Stevenson, Lisa (2007) *Critical Inuit Studies: An Anthology of Contemporary Ethnography*, University of Nebraska Press, London
- Stern, Pamela R. (2010) *Daily Life of the Inuit*, Greenwood
- Tagalic S. (2009-2010a) Inuit Qaujimajatuqangit: *The role of indigenous knowledge in supporting wellness in Inuit communities in Nunavut: Inuit Child and Youth Health*, National Collaborating Center for Aboriginal Health
- Taylor, C. et al. (1994) *Multiculturalism*, Princeton University Press［佐々木毅他訳『マルティカルチュラリズム』岩波書店、2007］
- The Canadian Encyclopedia (2017) Nunavut, http://www.thecanadianencyclopedia.ca/en/article/nunavut/（2017/08/12 採取）
- Truth and Reconciliation Commission of Canada (2015) *Canada's Residential Schools* Vol. I & II, McGill-University Press
- Tulloch, S. and Quluaq, P. et al. (2009) Inuit Perspectives on Sustaining Bilingualism in Nunavut, *Etudes Inuit Studies* 33 (1-2) : 133-152
- UNESCO (2013) *Endangered languages*, http://www.unesco.org/new/en/culture/themes/endangered-languages（2016/5/20 採取）
- United Nations (2007) United Nations Declaration on the Right of Indigenous Peoples
- Wallace, S. (2014) Inuit health: Selected findings from thrb 2012 APS
- Walton, F. (2011) Inuit Qaujimajatuqangit and the Transformation of High School Education in Nunavut, Arctic Net Annual Research Compendium 2011-12
- Westgate, A. V. (2002) *Nunavik: Inuit-Controlled Education in Arctic Quebec*, University of Calgary Press
- Yin, R. K. (2003) *Case study research: Design and methods* (3rd ed.) , Thousand Oaks, CA: Sage

索引

あ行

IQ →イヌイットの伝統知識	
アイデンティティ	71
アイヌ語	208
アイヌ新法	209
アイヌ文化振興法	209
イカルイト	125
移行型バイリンガル教育	90, 164
維持型バイリンガル教育	165
いじめ	190
イヌア	79
イヌイット	
——の喫煙率	61
——の高校卒業率	107
——の高校中退率	108
——の高校出席率	108
——の伝統知識	94
イヌイット語	
——の標準化	174
イヌイット語オーソリティ	120
イヌイット語ストリーム	150
イヌイット語保護法	104, 117
イヌイット社会	
——の自殺率	62
イヌイナクタン	113
イヌヴィアルイト	49
イヌカティギート	97
イヌクティタット	113
イヌクティタット語	26
イマージョン	165
イマージョン型バイリンガル教育	165
移民政策	18
インディアン	24
ヴィジブル・マイノリティ	66
英国国教会派	81
英語ストリーム	150
英語への同化政策	41
嬰児殺し	81
エスキモー	31
エスニック集団	72
エスニック文化権	73
遠距離早期警戒レーダー網	41
王立カナダ騎馬警察	37
音節文字	137

か行

家族扶養手当	43
滑石彫刻	29
カナダ	
——の英仏2公用語	68
——の先住民の権利	20
カナダ・イヌイット協会	51
カミンズ、J	163
カラーリット	31
カルヴェ、L. J.	175
危機言語	12
寄宿学校	81
基本的自由	19
キムリッカ、ウィル	72
教育委員会	90
教育法改正の動き	211
共生	71
強制移住	40

居留地	26	シャーマン	30
キリスト教への改宗	58	シャモ	208
鯨捕獲者	34	10代の妊娠	195
クラウン・ランド	53	承認	70
グリーンランド	201	『承認をめぐる政治』	70
グリーンランド自治法	201	職業学校	87
グリーンランド大学	204	職業学校	84
グロージャン、F.	163	植物相	154
経済移民	18	植民地政策	13
ケイパビリティ	182	真実と和解の委員会	86
毛皮貿易	36	性的虐待	84
結核蔓延	39	性役割	58
言語遺産	14	セン、アマルティア	181
言語コミッショナー	115	1982年憲法	18
言語消滅	13	宣教師	37
言語の威信性	175	先住民運動	16
言語保持	12	先住民族の権利宣言	209
権利および自由に関する憲章	18	先住民問題北方開発省	21
合議	31	前ドーセット	29
後期イマージョン	166	全面的イマージョン	165
後期終了型	165	早期イマージョン	166
鉱物採掘権	53	早期終了型	165
公民権運動	16	相互依存仮説	163
国際先住民族言語年	4	相対主義	71
国勢調査	21		
国立アイヌ民族博物館・国立民族共生公園	210	**た行**	
国連の先住権に関する宣言	213		
コード・スイッチング	131	ダイグロシア	161
コモン・ロー	58	対話的	70
混交経済	37	多文化主義	65
		『多文化主義・承認・ヘーゲル』	71
さ行		多文化主義法	66
		探検家	35
削減的バイリンガリズム	164	中期イマージョン	166
参与観察	129, 160	チューレ文化	30
ジェームズ湾および北ケベック協定	51	長老	100
識字率	85	定住化政策	40
資源	68	テイラー、チャールズ	69
司政官	46	DEW Line → 遠距離早期警戒レーダー網	
質的研究	10	伝染病の蔓延	38
シブリルミウット	29	トゥニット	29
社会構成文化	72	動物相	154
シャーマニズム	32	土地請求権	41

索引

トライアンギュレーション	10
トラウマ	179

な行

南部	22
二重モデル	150
ヌナ	50
『ヌナツイアック・ニューズ』	139
ヌナビック	120
ヌナブト教育法	93
ヌナブト協定	49
ヌナブト準州	
――の公用語	94
――の公用語法	112
――の3モデル	102
――の創設	47
ヌナブト準州議会	55
ヌナブト・トラスト	54
ヌナブト・バイリンガル教育社	173
ヌナブト北極カレッジ	106
ヌナンガット	22

は行

配偶者交換	32
バイリンガル教育	88
バーガー	168
白豪主義	75
白人性	176
白人優位	77
ハージ、ガッサン	77
ハドソン湾会社	36
ハーパー首相	86
パラノイア	77
ハワイ語復権運動	206
ハワイ州憲法	207
半構造的インタビュー	128
東インド会社	35
評議会	46
平等権	20
貧困の分析	181
ファンクショニング	182
付加的バイリンガリズム	164
不承認	70
部分的イマージョン	165
フラハーティ、ルイーズ	173
フランス語憲章	112
文化主義	73
文化喪失	155
分離独立運動	72
平日学校	86
ペック、E. J.	137
北西準州	45
北西準州新公用語法	112
母語習得	163
補償金	54
ホステル	82
ホーム・ルール	202
ホワイト・カルチュアリズム	77

ま・や・ら行

マイノリティ	73
マオリ	205
マオリ言語法	206
マジョリティ	74
マニトバ法	111
麻薬常用者	62
麻薬の使用	188
民族	72
命名法	33
メティス	24
モリス＝スズキ、テッサ	76
モンゴロイド	29
歪められた承認	70
ヨーロッパ中心主義	177
リテラシー	134
量的研究	10
霊魂	39
歴史的トラウマ	70
LOTE政策	75
ローマ字	137

243

● 著者紹介

長谷川瑞穂（はせがわ・みずほ）
東京外国語大学博士後期課程修了、博士（学術）。専門は言語学。
元東洋学園大学教授。千葉大学、明治大学、東京女子大学、中央大学で兼任講師を務める。
おもな著書は『はじめての英語学』（編著、研究社）、*English Grammar*（編著、朝日出版）、*A Canadian Mosaic*（編著、松柏社）、『世界の言語政策』（共著、くろしお出版）、『言語と貧困』『言語と格差』『言語と教育』（いずれも共著で明石書店）。

先住・少数民族の言語保持と教育
────カナダ・イヌイットの現実と未来
2019年9月25日　初　版　第1刷発行

著　　　者　長谷川　瑞穂
発　行　者　大江　道雅
発　行　所　株式会社　明石書店
〒101-0021 東京都千代田区外神田 6-9-5
電話 03（5818）1171
FAX 03（5818）1174
振替　00100-7-24505
http://www.akashi.co.jp/

装丁　　明石書店デザイン室
印刷　　株式会社文化カラー印刷
製本　　本間製本株式会社

（定価はカバーに表示してあります）　ISBN978-4-7503-4898-8

JCOPY 〈出版者著作権管理機構　委託出版物〉
本書の無断複製は著作権法上での例外を除き禁じられています。複製される場合は、そのつど事前に、出版者著作権管理機構（電話03-5244-5088、FAX 03-5244-5089、e-mail: info@jcopy.or.jp）の許諾を得てください。

言語と教育

多様化する社会の中で新たな言語教育のあり方を探る

杉野俊子 監修／田中富士美、波多野一真 編著

A5判／上製／240頁 ◎4200円

近年、日本では小学校の英語教育の是非が問われているが、言語教育においては単に賛成／反対の二分論では捉えきれない複雑な問題も多い。国内外の様々な環境における教育の事例を通して、真のグローバル化に対応する言語教育とは何かを模索する意欲的な論集。

内容構成

第1部　国内の事例
- 第1章　日本手話とろう教育
- 第2章　母語を生かした英語の授業
- 第3章　世界の動向に連動する言語教育とは

第2部　海外の事例
- 第4章　カナダ・ヌナブト準州のイヌイットの社会変化と教育
- 第5章　グローバル時代におけるマカオの言語教育
- 第6章　英語教育と先住民族言語復興
- 第7章　インドの部族言語の教育

第3部　第三の道へ
- 第8章　言語は中立か
- 第9章　脱グローバル化時代の語学教育
- 第10章　日本における英語必要・不要論

言語と格差　差別・偏見と向き合う世界の言語的マイノリティ
杉野俊子、原隆幸編著
◎4200円

言語と貧困　負の連鎖の中で生きる世界の言語的マイノリティ
松原好次、山本忠行編著
◎4200円

グローバル化と言語政策　サスティナブルな共生社会・言語教育の構築に向けて
宮崎里司、杉野俊子編著
◎2500円

グローバル化と言語能力　自己と他者、そして世界をどうみるか
OECD教育研究革新センター編著　徳永優子、稲田智子、来田誠一郎、定延由紀、西村美由起、矢倉美登里訳　本名信行監訳
◎6800円

グローバル化のなかの異文化間教育　異文化間能力の考察と文脈化の試み
西山教行、大木充編著
◎2400円

多文化社会に生きる子どもの教育　外国人の子ども、海外で学ぶ子どもの現状と課題
佐藤郡衛著
◎2400円

社会科における多文化教育　多様性・社会正義・公正を学ぶ
森茂岳雄、川﨑誠司、桐谷正信、青木香代子編著
◎2700円

多文化社会の社会教育　公民館・図書館・博物館がつくる「安心の居場所」
渡辺幸倫編著
◎2500円

〈価格は本体価格です〉

人とウミガメの民族誌
ニカラグア先住民の商業的ウミガメ漁

高木仁 著

■ A5判／上製／262頁 ◎3600円

ニカラグアのカリブ海岸、ミスキート村落。今では絶滅危惧種に指定されているウミガメを、古くから食用をはじめ生活の中で消費してきた人々がいる。ウミガメとともに営む彼らの暮らし、そしてそれが時代につれて変わりゆく様をきめ細かに綴った貴重な記録。

●内容構成●

- 第一章　序論
- 第二章　大航海時代の発見の片隅で
- 第三章　インディアンたちの生産科学
- 第四章　富や財としての価値
- 第五章　肉としての価値
- 第六章　討論
- 第七章　結論
- 付録
- あとがき

カナダ人権史
多文化共生社会はこうして築かれた
世界歴史叢書
ドミニク・クレマン著　細川道久訳
◎3600円

カナダ移民史
多民族社会の形成
世界歴史叢書
ヴァレリー・ノールズ著　細川道久訳
◎4800円

カナダの歴史を知るための50章
エリア・スタディーズ 156
細川道久編著
◎2000円

現代カナダを知るための57章
エリア・スタディーズ 83
飯野正子、竹中豊編著
◎2000円

アメリカ先住民を知るための62章
エリア・スタディーズ 149
阿部珠理編著
◎2000円

ハワイを知るための60章
エリア・スタディーズ 114
山本真鳥、山田亨編著
◎2000円

アメリカのエスニシティ
人種的融和を目指す多民族国家
アダルベルト・アギーレ・ジュニア、ジョナサン・H・ターナー著
神田外語大学アメリカ研究会、高杉忠明ほか訳
◎4800円

アイスランド・グリーンランド・北極を知るための65章
エリア・スタディーズ 140
小澤実、中丸禎子、高橋美野梨編著
◎2000円

〈価格は本体価格です〉

地図でみるアイヌの歴史
縄文から現代までの1万年史

平山裕人 著　■ B5判／上製／232頁　◎3800円

アイヌ民族のルーツとは何か。北海道・サハリン南部・千島列島に渡る独自の文化圏はいかに形成されたのか。未だ謎の多い日本の先住民族の現代までの歩みを、60の多彩なテーマ別に豊富な地図と図表、史料を用いてわかりやすく描く。巻末に詳細な年表を付す。

●内容構成●

はじめに
- 第1章　アイヌ文化の基層にあるもの
- 第2章　北日本型の新石器文化の変遷
- 第3章　原アイヌ文化期
- 第4章　アイヌ文化前期
- 第5章　アイヌ文化後期
- 第6章　近現代のアイヌ史
主な引用・参考文献一覧
アイヌ史年表
おわりに

アイヌの歴史　日本の先住民族を理解するための160話
平山裕人著　◎3000円

アイヌ地域史資料集
平山裕人著　◎4800円

オーストラリア先住民族の主体形成と大学開放
前田耕司著　◎3800円

オーストラリア先住民の土地権と環境管理
友永雄吾著　◎3800円

多文化国家オーストラリアの都市先住民　アイデンティティの支配に対する交渉と抵抗
栗田梨津子著　◎4200円

世界の先住民環境問題事典
ブルース・E・ジョハンセン著　平松紘監訳　◎9500円

〈世界人権問題叢書 84〉

地球社会と共生　新しい国際秩序と「地球共生」へのアプローチ
福島安紀子著　◎2400円

多文化共生社会に生きる　グローバル時代の多様性・人権・教育
権五定、鷲山恭彦監修　李修京編著　◎2500円

〈価格は本体価格です〉